新訂
保育内容指導法「言葉」

田上貞一郎
高荒　正子

萌文書林

　本書は、保育内容指導法「言葉」の教科書として編集しました。

　「言葉」に関するすぐれた教科書は数多く出版されています。しかし、その大半が詳細すぎる傾向にあり、量的にも多すぎるのは残念でなりません。

　簡潔で分かりやすくというのが本書のねらいです。たいてい、保育科の「言葉」は必修１単位であり、半期つまり１５週程度で終わらせなければなりません。

　そのためには、簡潔で分かりやすく要点を押さえる必要があります。

　「理論編」はその点に主眼を置いて編集しました。通年の保育科の場合は、「実践編」を活用して、現場に即した実践の研究ができるように配慮いたしました。最後の「資料編」も目を通して活用していただけたらと思います。

　この書が、将来、幼稚園教諭や保育士を目指すみなさんに少しでも役に立てば幸いです。

2018年2月

田上貞一郎

目　次

まえがき ………………………………………………………… 3

Ⅰ 理論編

第1章　保育者のことば
- ❶ 方　言 ……………………………………………… 11
- ❷ 敬　語 ……………………………………………… 13
- ❸ 幼稚園語 …………………………………………… 14
- ❹ 保育者の話し方 …………………………………… 16
- ❺ 発問と助言 ………………………………………… 19
- ❻ 保育者の発声 ……………………………………… 21

第2章　子どものことば
- ❶ ことばの発達 ……………………………………… 23
- ❷ ことばの発達と条件 ……………………………… 28
- ❸ 音声の発達 ………………………………………… 33
- ❹ 語彙の発達 ………………………………………… 36
- ❺ 文字の発達 ………………………………………… 38
- ❻ 言語障害 …………………………………………… 42

第3章　ことばの指導と計画
- ❶ 年間指導計画表 …………………………………… 46
- ❷ 学期別指導計画表 ………………………………… 51
- ❸ 月間指導計画表 …………………………………… 57
- ❹ 週　案 ……………………………………………… 59
- ❺ 日　案 ……………………………………………… 62

Ⅱ 実践編

第1章　ことば遊び
- ❶ 種類とねらい……………………………………………71
- ❷ ルールと解説……………………………………………73

第2章　絵本
- ❶ 絵本の特性………………………………………………74
- ❷ 絵本の選択………………………………………………75
- ❸ 絵本の指導………………………………………………08
- ❹ 読み聞かせする時の留意点……………………………89
- ❺ 一読総合法による読み聞かせ…………………………91
- ❻ 絵本を通して……………………………………………92

第3章　紙芝居
- ❶ 紙芝居の歴史的変遷……………………………………93
- ❷ 紙芝居の特性……………………………………………94
- ❸ 紙芝居の構成……………………………………………95
- ❹ 紙芝居の選択……………………………………………96
- ❺ 効果的な演じ方…………………………………………97
- ❻ まとめ……………………………………………………100
- ❼ その他の紙芝居…………………………………………100

第4章　ペープサート
- ❶ 特　徴……………………………………………………101
- ❷ 作り方……………………………………………………102
- ❸ 演じ方……………………………………………………102

第5章　パネルシアター

- ❶ 特　徴 ……………………………………… 103
- ❷ 作り方 ……………………………………… 104
- ❸ 演じ方 ……………………………………… 105

第6章　エプロンシアター

- ❶ 特　徴 ……………………………………… 106
- ❷ 演じ方 ……………………………………… 107

第7章　人形劇

- ❶ 人形劇の歴史的変遷 ……………………… 108
- ❷ 人形劇の分類 ……………………………… 108
- ❸ 手使い人形劇の作り方 …………………… 109
- ❹ 舞台設定 …………………………………… 109
- ❺ 演じ方 ……………………………………… 110
- ❻ 人形劇の指導 ……………………………… 110
- ❼ 保育者が演じることの意義 ……………… 111

第8章　わらべ歌遊び

- ❶ わらべ歌の特性 …………………………… 112
- ❷ 乳幼児期のわらべ歌事例 ………………… 113

第9章　テレビ

- ❶ テレビの特性 ……………………………… 116
- ❷ テレビの効果 ……………………………… 116
- ❸ テレビの限界 ……………………………… 116
- ❹ テレビの利用 ……………………………… 117
- ❺ ビデオ ……………………………………… 118
- ❻ ＤＶＤ ……………………………………… 118
- ❼ ラジオ ……………………………………… 118

第10章　劇遊び

- ❶ 劇遊びの流れと教育的意義 ………………………… 120
- ❷ 年齢別劇遊び ………………………………………… 121

Ⅲ 資料編

- ❶ 演習問題 ……………………………………………… 130
- ❷「言葉」に関する専門用語集 ……………………… 148
- ❸ 幼稚園教育要領 ……………………………………… 155
- ❹ 保育所保育指針（抄）……………………………… 171
- ❺ 教育漢字・学年別漢字配当表（抄）……………… 177

引用・参考文献 ………………………………………… 178

I

理論編

この「理論編」では、文字通り「保育内容指導法・言葉」のあるべき姿をその基本から述べてあります。さらに、正しい日本語の必要性を多面的に追求してみました。

　最初に取り上げたのは「保育者としてのことば」の問題です。「幼稚園教育要領解説」には「正しく分かりやすい、しかも美しい言葉を使って幼児に語り掛け、言葉を交わす喜びや豊かな表現などを伝えるモデルとしての役割を果たしていくことが大切である」とあります。

　保育科に学ぶみなさんは、近い将来「モデルとしての役割」、つまり「ことばのお手本」になるのです。しかし、実際は大変に難しい問題を含んでいます。トップで取り上げるのを本書の誇りにしたいと思います。

　続いて、子どものことばの発達について学んでもらいます。子どもがどのような過程を経て、正しいことばを習得するのかを考えてみました。

　この点を正確に把握することで、自然と正しい指導法も見つかることと思います。

　そして最後は、それらを生かすための指導計画表を立ててみました。

　1、2章は講義形式で、3章は演習的に扱うと利用しやすいと思います。

第1章　保育者のことば

　本書で私たちは「保育内容指導法・言葉」を勉強するわけですが、その本論に入る前にどうしても取り上げたい問題があります。そうです、保育者としてのことばについてです。

　私たちがいま使っていることばは、どのようにして習得したのでしょうか。お母さんをはじめとする周囲の大人のことばを模倣するという形で、現在のよ

うなことばが使えるようになったのです。

「学ぶ」ということばは、『枕草子』などでは「まねぶ」と言い、語源は「真似（まねぶ）」という説もあります。

つまり、幼児が周囲のことばを真似することは、立派な学習、つまり学ぶことだと言えます。

子どもの一日の生活で、誰と接触する時間が長いかを考えてみてください。保育者と過ごす時間は決して短くありません。保育所の場合は家族より長いでしょう。それだけ、保育者の占める位置は大きいと言えます。

保育者を目指すみなさんは、近い将来「ことばのモデル」「ことばの先生」となる自覚を持って欲しいと思います。子どもたちは、みなさんのことばをお手本にし、言語経験を積み重ねていくのです。

お手本が正しくないとき、子どものことばの発達によい影響を与えるはずがありません。

保育者としてのことばは、子どもの前に立って急に使えるものではありません。正しい見識としっかりした自覚を持って、今日からの学生生活を送ってください。

1 方　言

方言というと独特の温か味とともに、田舎くさく非文化的な感じがします。そして、共通語（日本には「標準語」は存在しません）は良いことばであり、方言は野卑なことばの仲間なので使用しない方がよい、といった誤解をする人もいます。さらに、方言を多用して話すタレントが笑いを買っていると、ますます悪いことばの代表というように曲解されているのが現状です。

では、方言とは一体何でしょうか。

「広辞苑」（第5版）では、次のように定義されています。

【ア】一つの言語において、使用される地域の違いが生み出す音韻・語彙・文法的な相違。

【イ】共通語に対して、ある地方だけで使用される語。

つまり、方言は地方の言語という意味であり、ある地域で日常使用されている生活語（生活言語）を指すのです。したがって、東京弁が正しく、東北弁が間違いであったり下品であったりと考える必要はありません。
　では、この方言の使用を保育の場、つまり保育者のことばに限定して考えてみましょう。
　幼稚園や保育所で行われる「ことばの教育」は、わが国の一般社会において互いの意志や感情が十分に通じ合える能力を養うことに、その使命があります。こう考えた場合、保育の場においては「原則として共通語を使用する」という結論に至ります。
　一方、方言はというと、子どもの日常生活において家族などからすでに体得しており、改めて指導する必要性はありません。やはり、一般性のある共通語で保育するように心がけたいものです。

　保育者は、子どもたちの方言を理解しなければなりませんが、ことばを育てるお手本となるということを考えると、共通語に関心を持ち、日ごろから正しく使うように努力しなければなりません。
　保育中に方言が出るようになったら、それは良い保育が行われている証拠である、という見方もあるようです。確かに、そういう見方も考えられます。
　しかし、東北のある地方で育ち、東北方言を身につけた人でも、最近では首都圏に出て保育者として働くケースも少なくありません。そこでは、いくら保育に熱が入ったからといっても、方言を出していいはずがありません。
　やはり、保育の場においては共通語が望ましく、方言に甘える姿勢は許されません。日ごろから共通語を使えるように心がけることが大切です。
　3歳から12、3歳までの時期、つまり幼稚園から小学校卒業までを言語形成期と呼んでいます。そして、この時期にその人の言語文化の基礎が定まってしまうと言われています。ですから、この時期を東北地方で過ごした人は、その後、ほかの地方に引っ越ししたとしても、やはり東北方言が残ってしまうとされています。言語形成期をどこで生活するかは、以後の言語生活を大きく左右して

しまうのです。

　この大切な時期の子どもを保育する保育者に、方言は禁物です。様々な観点から考えても、保育は共通語でという結論に達します。

　しかし、例外も認められるでしょう。

　例えば、消極的で園ではなかなか心を開かない子どもに対して、その家庭で使われている方言で話しかけるなどは、効果的な方法だと思います。

　ここでいうところの、保育は共通語でしなさいとは、将来において方言を消滅させることとは結びつきません。ある地方の住民は、同時に日本国民の一人です。方言と共通語も同じで、二重の言語生活があって当然です。

　私たちは多かれ少なかれ二重言語生活、あるいはもっと多重の言語生活をしている現実があります。つまり、ことばを使い分けているのです。

　だからこそ、保育の場においては共通語に基づいた言語指導が望まれるのです。

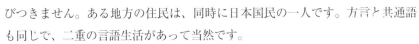

2　敬　語

　私たちは話しことばを用いて日常生活をしていますが、相手によってことば遣いを変えることがあります。尊敬や親愛とかの対人感情が無意識のうちに生じて、自然と敬語表現がなされているのです。敬語はこのように人間の自然な感情に根ざし、人間関係の基礎をなす大切な存在です。

　しかし、最近では敬語表現がすっかり影を潜めてしまいました。

　高校までの教師と生徒の関係は極めてフレンドリーで、会話に関しても敬語や丁寧語があまり使われていないようです。それは時の流れかもしれませんが、今後は切り替えてもらわなくては困ります。

　実習や就職先の園長や主任などには、お友だちのような会話は使えないと思ってください。社会人あるいは保育者として、しっかりと敬語や丁寧語を使え

るようにしてください。

また、園児の保護者に対しても丁寧語で接するように心がけなくてはいけません。

若いみなさんは「敬語なんて面倒だ」と思うかもしれません。みなさんが40歳、50歳となったときを想像してみてください。自分の子どものように若い実習生が敬語を使わず対等に話しかけてきたら、不愉快に思いませんか。

戦前は先生に対して「おっしゃった」のように「お――になった」が厳格に守られていました。戦後は逆となり「先生が言った、来た」式と乱暴なことば遣いになってしまいました。これではお友達と同じになってしまっています。「先生がおっしゃった」「先生が見えた」くらいの尊敬語は必要です。

次に代表的なことばの尊敬語と謙譲語をまとめておきます。

	尊敬語（相手に使う）	謙譲語（自分に使う）
言う	おっしゃる	申す
する	なさる	いたす
いる	いらっしゃる	おる
行く	いらっしゃる	まいる
来る	いらっしゃる	うかがう・まいる
食べる	召し上がる	いただく
聞く	お耳に入る（入れる）	うかがう・拝聴する
会う	お会いいただく	お目にかかる
見る	ごらんになる	拝見する

方言でも述べたように、敬語も相手によりことばを使い分けなければなりません。

3　幼稚園語

一部の幼稚園では、独特のことば遣いをします。「幼稚園語」とか「幼稚園ことば」と呼ばれるていねいな表現です。「おままごと」「お歌」式に「お」という尊敬の接頭語の多用がその代表です。

「お」ことばは、宮中の流れを引いており、物事を上品に表現しようとする女性の心情に根ざすものです。したがって、必ずしも悪く意味のないことばではありません。

では、どうして保育者に今日多く使われているのか、その発生原因を挙げてみましょう。

(1) わが国の幼稚園が、富裕階級の子弟の教育機関として発足したため、それにふさわしいことば遣いをしようとしたため。
(2) 子どもを必要以上に幼いものと考えたため。
(3) 歌曲や絵本のことばの影響を受けたため。

特に、(1) は大きな要因となっています。日本最初の幼稚園は、1876（明治9）年に設立された東京女子高等師範学校（現在のお茶の水女子大学）附属幼稚園です。時代を反映して富裕階級の子弟の教育機関としての性格が強く、その後も都市部でしか普及しない期間が長く続きました。昭和10年代でも就園率はわずか5％程度でした。

いわゆる「お坊ちゃん、お嬢さん」が対象だったので「お」ことばを使ったなごりが、全国に普及し現在でも残っているのです。

直したい幼稚園語を挙げておきましょう。

幼稚園語	望ましいことば	備　　考
お歩き	徒歩組 徒歩グループ	徒歩で通園すること。徒歩で通園する園児を「お歩きさん」という。
年少さん	年少または年少組	
おままごと	ままごと	
お絵かき	お絵かき	「お」取ると画家と間違う。
お並び	並び	
お靴下	靴下	
お歌	歌	

保育に当たっては、ごく普通のことばを用いた方が自然だと思います。「お」ことばの使用も他の敬語と同じく、平明簡素でありたいものです。

4 保育者の話し方

❶ 愛情を持って話す

子どもに対するとき、一番大切なことは「愛情」です。すべてに不可欠ですが、話すときも重要な要素となります。

よそ見しながら子どもに話したり、答えたりでは愛情のある話し方とは言えません。できる限り目を見ながら話すように心がけるようにしましょう。

保育者に「ゆとり」がない場合も、愛情のない話し方になってしまいます。しっかり準備して保育に臨むようにしてください。

❷ ことばを選ぶ

私たちは日常生活でことばを使い慣れているため、ややもするとそのままの姿勢で使ってしまうことがあります。

まず、「先生」であるという意識を持ってことばを使ってもらいたいものです。友だちと会話するのとは、全く別と考える必要があります。

さらに、子どもが理解できることばには限度があることを知ってください。そのためには、慎重にことばを選ぶ必要があります。

例えば、入園して間もない園児に「集合して」とか「注目して」などという指示は好ましくありません。この場合は「集まって」「こちらを見て」などとするべきです。「幼稚園教育要領解説」では、入園したばかりは「組」とか「当番の仕事」なども初めは理解できないだろうと指摘しています。

「気をつけて」「きちんとして」もよく使われますが、具体性に欠ける表現です。「何に、気をつける」のか「どう、片付ける」のかを伝えるようにしてください。

抽象的な難しいことばを使うと、子どもたちは保育者の指示を理解できず戸惑ったり騒ぎ出したりという、良くない現象を招いてしまいます。

❸ 園児の呼び方

男の子は「くん」、女の子は「ちゃん」が長年、全国的に使われています。これが小学校以上になると、男の子は「くん」のままで、女の子は「ちゃん」

から「さん」に変化するのが普通です。

ところが、平成8年から小学校の社会科教科書は男女を問わず、すべて敬称は「さん」で統一されました。園児のとき「くん・ちゃん」で過ごすと、小学校に入ってから「さん」と覚え直さなければいけなくなります。園のときも「さん」が望ましい敬称と言えます。

同じクラスに同じ名前の園児が二人、三人いる場合があります。混乱を避けるために一人は「七海さん」で、もう一人は「ななさん」と略称で呼んで区別しますと、他の園児や本人たちも分かるでしょう。

保護者がいると「さん」と呼ぶが、いなくなると呼び捨てにするという事例もあります。子どもは自宅に戻って保護者に話すので慎むべきでしょう。呼び捨ては親近感の表れ、という考え方は間違っていますし、下品です。

以上が基本です。

実習に出たときは、園独自の呼び方を素早く察知して従うのが得策です。「郷に入りては郷に従え」ということわざがありますが、園の呼び方に従いましょう。

❶ 短い文で

日本語は主語と述語の間に、修飾語が入る形になっています。この修飾語はなるべく短くして、誤解のないように表現するべきです。長くなると、どうしても意味不明になりがちです。これは文章についても同じです。

端的に伝わる短文での表現に心がけてください。

❺ あいさつ

「おはようございます」「さようなら」と、明るく交わすべきです。朝の気持ちよいあいさつは、その一日を気分よくすることを肝に銘じてください。緊張する実習初日などは気後れして、小さな声でしかあいさつできないかもしれません。そういうときこそ、「おはようございます。今日もよろしくお願いいたします」と大きな声であいさつしましょう。

「さようなら」の代わりに「バイバイ」「ジャー」「どーも」などが使われますが、保育者は用いてはいけません。

あいさつは習慣によって発せられますので、普段から正しく使うようにしてください。今日から、保育者になるという自覚を持って、正しいあいさつをしましょう。

❻ 若者ことば

「ウザい」「キモい」など、若者は次々と新語を作り、流行させます。しかし、みなさんは保育者として「ことばの先生」になり、みなさんのことばは模倣されるのです。こう考えると、みなさんが若者ことばを使って良いはずがありません。今日から止めましょう。

「ら抜きことば」を使う人が増えていますが、認められていません。「着れる」ではなく、正しく「着られる」と保育の場では使うようにしてください。

最近「やばい」が大流行していますが、暴力団用語ですから使用しないようにしてください。

❼ その他の留意点

「あのー」「そのー」などの口ぐせことばに注意したいものです。自覚症状がなく、緊張したときに多いようです。ゆっくりと「間」をとると、口ぐせことばは減るようです。

口ぐせことばに似たのが「どうも」という表現です。すべて「どうも」で済ます人がいますが、感心できません。「ありがとう」「どうぞ」「ごめんなさい」とその場に合うことば選びをしてください。

5 発問と助言

❶ 発問と指名

　保育者が一方的に話をしていると、子どもの思考力や創造力の発達が妨げられる可能性があります。子どもといっしょに考えるという姿勢が大切です。

　そこで、発問と指名が必要となります。原則として発問が先で、次の指名まで少し「間」を取るようにするとよいでしょう。「太郎さん、どう思う」では、太郎さん以外の子どもは真剣に考えようとしません。このような発問はタブーです。

　太郎さんがよそ見したりしている場合などは、「太郎さん、どう思う」は逆に効果的ですので、適切に使い分けましょう。

❷ 「間」の取り方

　「どう思う」から「では、太郎さん」という指名まで、十分に「間」を取り、全員によく考える時間を与えたいものです。このとき、クラス全員の顔を見渡して考えを促すとともに、指名されるかもしれないという緊張感を持たせるようにしましょう。

　よく考えるという姿勢を身につけさせる一つの方法として、ぜひ実践してください。

❸ 繰り返し発問

　「さあー、みなさんこちらを向いて」「いいですか」「分かりましたか」などを乱発した後で、「じゃー、もう一度だけ言いますよ。よく聞いてね」と発問を繰り返すケースがあります。

　発問（指示も）は、よく聞こえる声でゆっくりと一度だけにしたいものです。

　繰り返し発問を習慣づけると「先生は、また言ってくれるだろう」という聞き流しの、よくない姿勢が身に付いてしまいます。

　さらに、「分かりましたか、分かりましたね」の後で「分かった人は手を挙げてごらん」と挙手させるケースがあります。子どもは反射的に手を挙げるでしょう。しかし、内容をよく分かっていない場合も少なくありませんので、注

意しましょう。

❹ よく聞く

「幼稚園教育要領」には「自分の気持ちを言葉で表現する楽しさを味わう」というねらいが掲げられています。

子どもの発表や意見は最後までよく聞いて、しっかりと受け止める姿勢が求められます。たとえ、たどたどしい発表でも「聞いてもらえる」という安心感を持たせたいものです。

注意したいのは、発表する子どもと聞く子どもとの間に保育者が通訳のように入るケースです。「それで太郎さん、東京に行ったの。それで」と保育者が中に入ると、子どもは整理しながら順序よく話そうという意識が薄れて自立心も育ちません。

聞き手の子どもには、友だちの話をまとめながらよく聞くという訓練も期待できなくなります。どちらにもよくありません。

最後までよく聞いてもらえるという、安心感を持たせる指導が望まれます。

❺ ことばかけ

「だめ」「いけません」「悪い子ね」などと言われてしまうと、子どもは暗い気持ちになったり、反発したりします。さらに、保育者にこびたりといい結果は生まれません。保育は教育であり調教ではありません。

先に否定的に叱られてしまうと、子どもの心は固く閉じがちです。後から長所をほめられても効果は薄くなってしまいます。

「なぜ、いけないのか」「何がだめ」なのか、論理的、具体的な助言やことばかけをするべきです。説得力のある助言は、後に触れる「思考力」を育てることにもつながります。

❻ 話の輪

「後でね」「今、忙しいから」「そんな汚い物、捨てなさい」などと言ってしまうと、保育者への信頼が薄れてしまいます。これでは、保育者と子どもとの間に「話のベルト」が掛かりません。

子どもはわずかな出来事でも大人と違って、驚いたり感動したりします。それを保育者に聞いてもらおうと話しかけても「後でね」とさえぎられてしまうと、話そうという意欲が失われてしまいます。

先生は「ぼくの話を聞いてくれる」という安心感や信頼感を育てることが大切です。そういう雰囲気を作るように心がけてください。

6 保育者の発声

ことばは「音声」によって思想や感情が伝えられます。その声の使い方について考えるとき、日本人は少し無頓着なような気がします。電車やバスの中での、無神経な大声などはその代表でしょう。

保育者においても、もっと「音声」の使い方が重視されるべきだと思います。低すぎることばではよく伝わりませんし、高すぎる声では子どもが疲れてしまいます。七分の声で三分のゆとりのある話し方が理想とされています。これを心がけると、子どもの側に自然と聞く姿勢が作られます。

国語教育学者の古田拡氏は「女教師の美しい声が流れている教室へはいってみると、それはたいてい学校を卒業してから2、3年までの教師であり、それ以上の経験をもつ女教師の声は、多く中性化して、うるおいを失っているという人もある」と警告しています。健康管理はもちろんですが、適度の大きさで話すように心がけて、いつまでも美しい声を保ちたいものです。

保育者の発声で大切な点を挙げてみましょう。

(1) 愛情のある態度で
(2) 正しい姿勢で
(3) 自然な声で
(4) 適度な高さで

(5) 正しい発音で

「愛情のある態度で」は先にも触れましたが、すべての基本となるものです。どんなに美しい声であっても、愛情が欠けた声では説得力はありません。

また、運動会など保育でマイクを利用する機会があります。マイクによる音声は園外の民家まで容易に達しますので、周囲への配慮を忘れないようにしましょう。

第2章 子どものことば

　私たち人間にとってことばは、水や空気と同じように生活にとっては欠かせないものです。しかし、あまりにも身近であるために、その重要性は忘れられがちです。私たちが使っている日本語も、幼児期からの学習を経て今日に至っているのです。保育者は子どもがことばを学習する大切な時期に携わるのですから、しっかりした言語本質観を持たなければなりません。

　ことばは自然に獲得できるものではありません。周囲の環境、特に大人の影響は測り知れません。

　人間だけがことばを使って思考し、社会生活を営んでいます。「ことばは人なり」とか「ことばは人の手形」とか言いますが、ことばによって、その人の性格や教養の程度、出身地さらには心理状態まで分かってしまいます。ことばの重要性をよく認識してください。

1 ことばの発達

　産声を上げた乳児は、どのような過程を経てことばを獲得するのでしょうか。ことばを知らない乳児を教育することは不可能です。そこで最初は「模倣」という形によって、ことばを学習させる方法をとります。

　先に指摘したように「学ぶ」は「まなぶ」のほか「まねぶ」とも読み、「まねぶ」は「真似る」と同源です。つまり、「学ぶ」ことは「真似る」ことに通じます。

　「模倣」は、立派な「学ぶ」行為です。

　この模倣から始まることばの習得過程を私たちは知ることにより、しっかりした指導法を身につけるのが最良の方法だと考えられます。子どものことばの発達には大久保愛、阪本一郎、シュテルンなど諸説があります。ここでは、代表的な阪本説を紹介しましょう。

　(1)　準備期　0歳から1歳
　(2)　片言期　1歳から1歳6ヵ月
　(3)　命名期　1歳6ヵ月から2歳
　(4)　羅列期　2歳から2歳6ヵ月
　(5)　模倣期　2歳6ヵ月から3歳
　(6)　成熟期　3歳から4歳
　(7)　多弁期　4歳から5歳
　(8)　適応期　5歳から

　以上、8つの時期に分けられています。では、それぞれの時期について具体的に考えてみましょう。

❶ 準備期（0歳から1歳）

　誕生から片言を言えるようになるまでの1年間を準備期と呼んでいます。この時期は泣き声が大部分を占めています。

　生後5ヵ月ころになると、入浴時や授乳後の気分の良いときに「アー」とか「エー」とかという音が発せられるようになります。これを喃語（なんご）といい、この時期を喃語期という学者もいます。

喃語はたいてい快いときに発せられる「快の表現」であり、意味を持ったことばを発するまでの一種の口の体操と考えられています。そして、この喃語自体には意味はありません。ですから、喃語は世界共通という性格もあります。
　この口の体操は、次の片言期で微妙な音を聞き分けるための準備期間であり、大切な意味を担っています。つまり、乳児はことばの準備をしているわけですから、母親をはじめとした周囲の人たちの話しかけが不可欠になります。その周囲の話しかけから、乳児は使うべきことばを感知するのです。
　1歳近くなりますと、喃語も長くなり、大人のことばの調子に似てきます。ここまで来ると、ことばの世界に入る準備が完了したことになります。
　また、1歳近くなるまでには母語（日本では日本語）の基礎となる諸要素が整うとされています。

❷ 片言期（1歳から1歳6ヵ月）

　喃語期が過ぎると、ほんの片言である1語文を言えるようになります。日常生活に必要なことばから習得が開始され、しきりに使うように成長します。
　そのほとんどが「ウマンマ」「ワンワン」「マー」「ブーブ」といった1語文で、この時期を1語文期とも言います。
　この時期のことばは、多義的に使われる特色があります。例えば「マンマ」という1語は「マンマが欲しい」「マンマある」など、いくつかの意味を持って使われます。これは、細かく表現するだけの語彙数が獲得されていないために起きる現象です。
　自動車を「ブーブ」と擬声語で表現するのも、この時期によく見られます。

❸ 命名期（1歳6ヵ月から2歳）

　やがて子どもは「ブーブ・キタ」というように「主語＋述語」の2語を重ねて使うようになります。2語文期という分け方もあります。ここまで成長すると、言語生活が開始されたという感じがします。
　また、物には名前があることを理解して「コレ、ナーニ？」と質問を繰り返す積極性も芽生えます。2歳前後からは第1次質問期に当たります。この大人とのやりとりの中から、ことばはもちろんのこと、様々な知識を習得しますので、

質問にはていねいに答えるようにしましょう。

うどんを「チュルチュル」と覚えると、すべての麺類を「チュルチュル」と呼ぶ未分化の現象も見られます。周囲の大人の導きや語彙の増加に伴って、未分化現象は消えていきます。

❹ 羅列期（2歳から2歳6ヵ月）

語彙が増えて3語、4語と羅列して使えるようになります。この時期を多語文期という考え方もあります。そして、比較的に登場の遅い助詞や接続詞も使い始まります。

しかし「パパ、ブーブ、イッチャッタ」（パパがブーブで行っちゃった）のように助詞が脱落したりする不安定な文が目立ちます。

この時期になると、一応、基本的な文章の形が増えます。自

分が見たことを大人に話せるようになり、過去や未来の概念も区別し始めます。会話も安心して聞かれるようになり、ことばの習得が進んでいるのが分かります。

この時期も質問期が続きます。「ドウヤルノ?」「ドウシテ?」などと方法、原因、理由などについて鋭い質問をします。物事への関心が高まっている証拠ですので、大人はしっかり答えなくてはなりません。

❺ 模倣期（2歳6ヵ月から3歳）

大人のことばを模倣して、それを自分のことばとして使おうという意欲が強くなります。さらに、難しい熟語を取り入れ「ボクガ、クルマノ修理シテアゲル」といった表現も見られます。「そして」などの接続詞を用いて、文と文を

つなぐこともできるようになります。

また、「大きい、小さい」など反対の概念も持つようになりますが、「かゆい→痛い」などの類縁語に混乱が見られることもあります。自我の芽生えから「ボクガ、ボクガ」と自己主張するのもこの時期の特色です。

ことばで表現しようとする意欲の高まりに比べて、語彙数が不足しがちで、会話にもたつきを起こすこともあります。話の途中で適当なことばが見つからず「エート、エート」を繰り返す現象も目立ちます。

これは発達過度期に一時的に見られる現象ですから、成長とともに消えてしまいます。親など大人が誤りやもたつきを神経質に直したり叱ったりすると緊張感を持たせてしまい、どもるようになるケースもあります。周囲の大人が最後まで聞いてあげる、という安心感を持たせるようにすることが大切です。

❻ 成熟期（3歳から4歳）

日常生活で普通の用事を足せるほどに会話が上達してきます。「…だから…」と出来事の原因や理由も説明できるようになり、自分の考えや要求を相手に正しく伝えようとする姿勢も見られます。子どもであることを忘れさせるほど成人語に近くなります。

しかし、発達途上における誤用や「エート、エート」を乱発したり、吃音（発音が不自由でどもること）が見られたりと、ことばのもたつきが残ります。

まだ相手の話を十分に理解する能力が発達していないために、一方的に話したり、人の話に割り込んだりすることもあります。

この時期の特色に「独り言」があります。「コレハ、ドウスレバ、ヨイダロウカ」のように一人で遊んでいる時に、何かを絶えず話している現象が見られます。これは誰かに何かを伝えようとして

いるのではなく、自らに話しかけて考えているのです。考えをことばとして発することで、自分の行動を整理しているとも言えます。

話すこと、つまり外言化して思考している時期ですが、次第に黙って頭の中で考える内言化となりますので心配はありません。

男の子は最初、母親から学んだ女性語を使っていますが、園生活や父親のことばから、男性語を意識し使い始めるのもこの時期です。

❼ 多弁期（4歳から5歳）

大変におしゃべりになる時期です。今までに習得した言語能力に加えて、日常体験も豊富になりますので、会話の内容も複雑になります。人を批判したり、時には告げ口をしたりと状況を判断した会話が見られます。

また、思考力や想像力が発達しますので、童話や物語などを楽しむようになります。さらに、読む、書くことに関心を持ち、自発的に文字を覚えようとする姿勢が強くなります。

やがて、今まで習得したことばと文字とが一致して、文字言語の占める割合が広がり始めます。

❽ 適応期（5歳から）

自己中心の会話から、次第にコミュニケーションの意図を持つようになり、相手に即した話題を話すほど幅が出てきます。時には、周囲が驚くような詩的な表現をしたりします。

この時期を第2質問期と呼ぶ考え方もあります。成長した証拠で、物事に対する探求心が旺盛になり、大人から見れば些細なことでも熱心に質問します。

大人はその煩わしさから、いい加減な返事やごまかしの答えは禁物です。
　論理的に説明するより、実例的で具体性のある答え方が子どもを納得させる方法でしょう。
　言語獲得が進み、読字数や書きことばにも著しい発達が見られます。

2 ことばの発達と条件

　以上、年齢別にことばの発達について概観してみました。しかし、これらは標準的な過程で、子どものことばの発達には個人差が大きく左右します。語彙数や表現力の違いは、同じ年齢の子どもでも2年以上の発達差さえ見られることも珍しくありません。ここではその要因を、個人的要因と環境的要因との二つに大別して考えてみましょう。

❶ 個人的要因

1) 知能的要因

　ことばの獲得と知能との関係は、知的活動がことばによって行われていることから、極めて密接なものがあります。一般に、知能の優れている子どもは始語期も早く、語彙数、表現力でも勝っています。
　反対に、知能の劣っている子どもは、ことばの獲得に遅れが見られます。
　しかし、ことばの遅い子がすべて知能まで劣っているとはいい切れません。生活環境が恵まれなかったり、言語環境が貧弱だったりすると、ことばの発達が遅れるからです。
　3歳までことばの発達にもたつきが見られた子が、急にお話を始めることもよくあります。発達の遅速にも個人差が大きく左右すると思います。

2) 身体的要因

　視覚・聴覚・口腔など発音器官に何らかの異常を持っている場合は、ことばの発達に遅れが生じます。これらの障害を持つ子どもは模倣という初期の学習に大きな制約を受けてしまいますので、その結果としてことばの発達に遅れが見られます。

これに関しては「言語障害」の項で詳しく触れますが、音や声の反応が悪いような障害が発見された場合は、言語聴覚士など専門家による早期の治療が必要です。

　身体の発育状態や運動機能が優れている子どもは、一般的にことばの発達が早いと言われています。これは、運動機能とことばの発達は直結しているからです。運動機能が優れていると、集団においてリーダー的存在となる場合が多いなどが一因と考えられます。逆に発育状態や運動機能が劣っている子どもはどうでしょうか。活動範囲が狭く学習面でも制限を受けるため、ことばの発達が遅れる場合もありますが、口（ことば）で友達に対抗しようとして、早いこともあります。ここでも、個人差が大きく左右しています。

3）性格的要因

　積極的で明るい性格の子どもは、周囲の人への働きかけも活発で言語体験も豊富となり、ことばの発達は早い傾向にあります。反対に消極的で、周囲と交わらない子どもはどうでしょうか。言語体験も少なく、発達に遅れが見られる可能性が高くなります。

　ことばの発達と性格の関係は、重要な要因の一つとされています。

　また、ことばの発達を急ぎ、神経質に誤りを指摘したりすると情緒が不安定になり、逆効果になることがありますから注意しなければなりません。

4）男女の差

　ことばの発達と男女の差はよく問題になります。一般的には、男の子より女の子の方が始語期も早く、語彙数も多いように思われています。

　これは女の子の方が、口数が多く、大人とのお話が上手に聞こえがちだからでしょう。しかし、集団生活で

は男の子が活発に意見を述べたりするケースもあります。一概に男の子が劣っているとは言えません。

男女の性別とことばの発達との関係については諸説があり、女子の方が優れているとする方が優位になっています。それよりも個人差が大きいとする考え方もあります。

5）学習意欲

ことばだけに限らず、学習意欲に欠ける子どもがいます。知ろうとする意欲が不足している子どもは、ことばの面でも遅れをきたします。

絵本やテレビに興味を示さなかったり、お話に耳を傾けなかったりする子どもがいます。

周囲からの適切で愛情のある働きかけ、特に生活環境からの啓発が大切になります。

1歳半を過ぎても周囲のことばを理解できなかったり、発語もない場合は知的障害のある可能性があるので、専門家の診断や療育を受ける必要があります。

❷ 環境的要因

1）家庭的要因

日常生活で子どもと家族との触れ合いは不可欠な条件で、年齢が低ければ低いほど、そのための時間は多くなければなりません。

家庭環境からの影響は、ことばを含めて計り知れないものがあります。特に、乳児からの話しかけによることばの刺激は大切です。ことばの習得が模倣からされることを考えても、ことばの発達を促すのに大切な役割を果たしていることに注目しなれければなりません。

家族構成・教育程度・経済状態・親子関係は、子どものことばの発達を少なからず左右しています。家族がことばに関し無関心であったり、使用する語彙が少なかったり、対話が不足していたりすると発達に遅れが見られます。

この家庭的要因は重要な項目なので、さらに細かく分けて考えてみましょう。

（ア）母親

子どもと母親の関係は、極めて密接です。

子どもは母親を中心とする家族を模範として、ことばはもちろんのこと、

様々な習慣を学んで成長します。母親は、人生で出会う「最初の先生」という性格があります。

ままごとをしている女の子の話し方や行動が、母親そっくりだったという例は珍しくありません。

ですから、母親は「ことばの先生」とも言えます。母親によって正しいことばが教えられ、正確なことばが使えるようになるのです。もし、母親のことばが正しくなかったら、当然、子どものことばにも誤りが出てしまいます。

しかし、母親が「ことばの先生」を意識しすぎて、無理に教え込んだり、誤りを神経質に直したり、話を最後までよく聞かなかったりすると、無口になったり、早く話そうと吃音を招いたりするので注意しなければなりません。

父親の存在も小さくありません。接する時間は母親より短いですが「ことばの先生」としての任務は同じです。特に男の子では、3歳ごろから同性であることを意識し始め、父親のことばを模倣する傾向が強くなります。

（イ）きょうだい

きょうだいの有無も、様々な形で子どものことばの発達に影響を及ぼします。

一人っ子は、大人との会話が多いために大人っぽい話し方が多くなり、周囲が驚くような大人びた表現をしたりします。少子化が進み、一人っ子が急増しています。さらに、核家族化により1日を母親とだけ過ごす子どもが普通になっています。前項で述べた母親の影響はますます大きくなると思います。

きょうだいがいる子どもは、子ども同士の会話を経験し、子どもらしい話し方の占める割合が多い傾向にあります。

3、4歳になると行動半径も広がり、同年代の子どもと子どもらしい会話をするようになります。

双子の場合にも触れておきましょう。

常に二人で遊んでいるために、相手のことばを真似し合うことが多くなりま

す。大人との接触が少ない分、発達が遅れると言われていますが、幼稚園など集団生活を始めるとすぐに取り戻します。

(ウ) 祖父母

大家族で祖父母と同居している場合は、大人と話す時間も多く、ことばの獲得にも好影響をもたらします。

一般的に、年配者は子どもの話をじっくりと最後まで聞き、ゆっくりと分かるように話すという長所があります。「最後まで聞いてもらえる」という安心感は、ことばの発達にはとても大切な条件です。

しかし、地方によっては方言が強かったり、最近は使用頻度が減っている化石語や死語が使われたりすることがあります。そのような場合は、保育の場などで修正しなければなりません。

就学前の子どもを取り巻く言語環境における父母、きょうだい、祖父母などの占める割合は大変多くなっています。その重要さをしっかり認識したいものです。

(エ) 社会経済的地位

村田孝次氏は「通常、父親の職業・両親の教育程度・居住地・家庭の収入の尺度によって子どもの能力差を分析してみると、言語面の能力では最も明瞭な差がみられる」と指摘しています。

これは、豊かな家庭ほど子どもの話しかけによく応えるなど、言語体験の多少が影響していると思われます。よく聞かない、よく応えないという劣悪な言語環境ではことばの発達は遅れるとの警鐘として受け止めましょう。

2) 社会的要因

ここで取り上げる社会的要因とは、地域環境がことばの発達に及ぼす影響のことです。

戦前などは、この社会的要因が大きく左右していました。特に、山村などことばの刺激が少ない地域で育った子どもは、都市部の子どもと比較して遅れがちでした。最近では交通も発達し、テレビなどの普及もあり、地域格差はほとんど解消されています。

しかし、地方によってはいまだに方言や乱暴なことばなどが使われています。子どもはいち早くそのようなことばを覚えますので、家庭や保育の場で正しい

指導が必要となります。

3) 保育環境

幼稚園や保育所での集団生活は、たくさんの友達と接することにより豊かな言語体験を積むことができます。保育者と話す、友達と話すことにより、将来使う社会性ある正しいことばをその中から体得します。

今まで家庭や地域で学んだことばの良い点を伸ばし、悪い点は改善する利点が保育の場にはあります。

また、担任の保育者から受けることばの影響は、母親と同等か、場合によっては母親以上という場合があります。子どもは母親とは違った信頼感を保育者に対して持っています。ことば遣いや話し方はもちろんのこと、性格面に及ぶまで敏感に影響を受けます。

ですから、明朗で快活な保育者のクラスは、子どもたちも明るくのびのびとしていることを忘れてはなりません。

3 音声の発達

❶ 発音の順序

子どもは、ことばを実際に音として発するようになります。ここでは、その順序について考えてみましょう。

音声には母音（アイウエオ）と子音があります。乳児期の子どもの発音は複雑な子音より、単純な母音が多くなっています。喃語もそうですが、最初は口の前で発音する母音「ア、ウ、エ」が特徴で、やがて「イ、オ」も発音できる

ように発達します。

3歳ごろになると、母音を全部正しく発音できるようになります。口の前の方で発音していた時期から、口の奥でも発音できるようになると子音が使え始めます。子音は、呼気にいろいろな障害を加えて発音するので、複雑で表れ方も遅くなるわけです。

子音では両唇音(りょうしんおん)が早く見られます。両唇音とは、上下両方の唇を使って発する音で、マ行・パ行・バ行が代表的です。「マンマ」「ママ」「ウマウマ」「ブーブ」「バーバ」「パパ」などはいち早く見られます。呼吸、授乳、離乳食など両唇を使う機会が多いのと密接に関係しています。

次に表れるのが歯茎音(しけいおん)です。これは舌先と前歯の歯茎とを接触または接近させて出す子音で、タ行・ダ行・ナ行が入ります。「タベル（タベナイ）」「ダッコ」「ナーニ?」が代表的です。

次に表れるのが破裂音です。破裂音は息を破裂させて発音するカ行・ガ行を指します。「カーカ（鳥)」などです。

最後は狭い隙間から呼気を出す摩擦音のサ行・ザ行で一通りの子音が発音できるようになります。摩擦音は難しく「チャカサ（逆さ)」「チュベリダイ（滑り台)」とサ行が正しく発音されない誤用が見られます。

牛島・森脇両氏による下の表は、Aが30分間中1つも誤りがなかった割合、Bは同じ30分間に2つ以内の誤りがあった子どもの割合です。

この調査結果にあるように5歳になると、たいていの音が正しく発音できるようになり、成長の著しさがうかがえます。

●正しく発音できる割合
（牛島・森脇による）

年　齢	A	B
2　歳	0％	0％
3　歳	10.3％	27.5％
4　歳	34.6％	50.0％
5　歳	72.6％	95.5％
6　歳	57.7％	85.0％

❷ 発音の乱れ

子どもの発音に乱れはつきものです。口の周りの筋肉が未発達などの理由ですべての音が正しく発音できないため、すでに習得している音で代用するのが原因です。発音の乱れにはいくつかの形がありますので、その主なものをみてみましょう。

1) 音の転置（母音・子音とも転置がみられる）

おとうさん→オトウタン　　えんぴつ→エンペツ　　ひこうき→シコーキ

これだけ→コイダケ　　　　みえる→メエル

にひき→ニチキ、ニシキ　　カレンダ→カエンダー

2) 音の脱落（1音や子音の脱落が多い）

おはな→オアナ　　　　　　きいろ→キイオ

ひこうき→コーキ　　　　　ようちえん→オーチエン

3) 音の添加（音が加わってしまうもの）

め→メメ　　　　　　　　　パン→パンパン

4) 音の入れ替わり（一部入れ替わるもの）

こども→コモド　　　　　　からだ→カダラ

テレビ→テビレ　　　　　　エレベーター→エベレータ

5) 音の乱れ（全く乱れてしまうもの）

いただきます→イタキリマス、イタマース

6) チ音化

せんせい→チェンチェイ

おさかな→オチャカナ

いつつ→イチュチュ

ひこうき→チコウキ

以上の6項目にまとめられます。

この中で、幼児語と呼ばれる子ども独特の発音にチ音化が挙げられます。「くつ」を「クチュ」とチ音化してしまうのです。このチ音化は3、4歳までにはほとんど消えますが、

ときには5歳になっても残ることがあります。

このような発音の乱れは、ことばの習得過程における単純なミスでしかありません。これを誤りとして叱ったり、直したりする必要はありません。大人が正しく発音する、つまりお手本を示すことで自然と正しいことばになります。

子どもは幼いという先入観から、大人が「ぼく、いくチュ?」「そう、イチュチュなの」といった迎合した表現は感心できません。これでは、子どものことばの発達を阻害してしまいます。

大人は「ことばの先生」としての自覚を持ち、正しいお手本を示すように心がけるべきです。

4 語彙の発達

❶ 語彙数

子どもは泣き声から喃語期を経て、1語文である片言を話し始める時期を迎えます。初めて話す意味のあることばを初語(しょご)といい、10ヵ月から1歳までの間に見られます。初語にも個人差があり、1歳過ぎてからも珍しくありません。

その後も大人の使うことばを模倣してことばを獲得しますが、2歳くらいまでは緩やかな発達しか示しません。

語彙数の調査はいくつか行われていますが、それぞれにばらつきが見られます。

●語彙数の増加

年　齢	久　保	大久保	高　橋
2—0	295	360	73
2—6		773	689
3—0	886	1,029	1,486
3—6	1,213		2,187
4—0	1,672	1,544	3,113
4—6			4,022
5—0	2,050	2,160	5,512
5—6			7,227
6—0	2,289	3,182	9,131

これは対象とする子どもを調査する時間の多少から生じるものです。長い時間調査すると、語彙数も多くなります。この表では高橋巖氏の調査が一番分かりやすいでしょう。これは同じ子どもを毎日、新しい語彙を記録した数値です。

この表から分かるように、3歳になると急に語彙数が増えています。これは歩行などほかの学習が完了し、さらに自我も芽生えて、ことばによる表現が多くなるからです。子どもの習得語彙数は、高橋氏の調査から、3歳で1,500語、6歳で10,000語くらいとするのが適当でしょう。

❷ 品　詞

次は、語彙を品詞別に考えてみましょう。子どものことばはたとえ1語文であっても多義的に使用されている場合が多いので、品詞に分けるのは困難な面がありますが、ここでは形式的に見ておきましょう。

品詞の中では、元々多い名詞がどの年代を見ても多くなっています。それも身近なことを対象とした名詞から始まり、4歳くらいになると抽象的、社会的名詞へと移り、子どもの活動範囲や視野が広がっていることをうかがわせます。

名詞に次いで多いのが動詞です。これも近いものから遠いものへと、名詞と同じような変化を示しています。

久保良英氏の調査によると、ほとんどの品詞が2歳には出そろい、3歳から4歳では3倍に増えていることが分かります。

●品詞別の
　語彙の発達
（久保良英）

品詞＼年齢	2歳	3歳	4歳	5歳	6歳
名　詞	165	461	981	1237	1364
代名詞	7	19	23	25	29
動　詞	51	179	301	366	403
形容詞	20	50	86	98	116
助動詞	11	33	41	50	56
副　詞	24	64	129	154	184
接続詞	2	5	10	12	18
助　詞	3	44	66	76	86
感動詞	12	31	32	32	33
計	295	886	1675	2050	2289

❸ 構　文

　文の構造も1語文から2語文へ、そして3歳ごろからは従属文も見られるように成長します。牛島、森脇両氏の調査で分かるように、1つの文中に含まれる語数が2〜3歳にかけて著しく増えています。これは語彙の習得とともに、複雑な内容を表現しようとする意欲の表れと言えます。

　文の種類についても、平叙文が文の約半分を占め、初期に多かった感嘆文や不完全な文が次第に減少する傾向を示しています。

　子どもが表現しにくく誤りやすい受け身・使役・可能の助動詞を使った文章です。

　ここでは、主な例を見てみましょう。

1）受け身の誤り

　　たべられちゃった→タベレチャッタ

2）使役の誤り

　　のませよう→ノマサセヨウ

3）可能の誤り

　　できない→デキラレナイ　かける→カケラレル

　　はけない→ハケラレナイ

● 1文章中の語数

年齢＼語数	1文章中の語数
1　歳	1.37
2　歳	2.81
3　歳	4.43
4　歳	4.51
5　歳	5.01
6　歳	4.63

（牛島・森脇）

　以上の例は、ことばの習得過程における単なるつまずきです。大人から見ると誤りですが、子どもにとっては間違ったという認識はありません。神経質に直したりするよりも、豊かな言語環境を作るのが大切です。大人は「よいお手本」に心がけるようにしましょう。

5　文字の発達

❶ 読み

　子どもは話しことばの中心の生活の中から、次第に読みを覚えてくるようになります。「幼稚園教育要領解説」でも、文字指導は「小学校以降において文字に関する系統的な指導が適切に行われる」とされています。

しかし現実には、入学以前にかなりの文字を読んだり書いたりでき、この傾向は年々増加しつつあります。

この点について、国立国語研究所の調査を見ると、平仮名71字を全部読めるのが4歳児では33.6％、5歳児になると63.9％という高い比率を示しています。

●仮名の読める幼児　　　　　　　　　　　　　　　　　　　　（国立国語研究所）

清、濁、半濁、撥音 71字中、 正しく読めた文字数	5種の特殊音節のうち、 マスターした種類の数	5歳児 (％)	4歳児 (％)
0	0	1.1	9.3
1～5	0	5.4	18.0
6～20	0	11.9	19.9
21～59	0	17.7	19.1
60～71	0	23.0	16.6
60～71	1～2	19.3	9.5
60～71	3～4	14.0	5.1
60～71	5	7.6	2.4

同じく漢字の読みについても、1年生配当漢字（174ページ参照）80字中、入学以前にその51％を読むことができると報告されています。

❷ 書き

書くことは、読みに比べて難しくやはり遅れるという結果が報告されています。それでも、5歳児になると清音の平仮名を21字以上、筆順も正しく書ける割合は60％にも達しています。

この時期の子どもは、文字を視覚的・記号的にとらえるために、筆順を正しく書くという意識は薄い傾向にあります。

中には、文字を鏡に映したような鏡映文字（鏡文字）も見られます。これは文字全体を左右全く逆に書いたり（全体鏡映）、部分的に逆に書く（部分鏡映）ことを言います。

大人から見ると誤りですが、子どもには全くその意識はありません。ですから、神経質に直したりするのは好ましくありません。

●筆順も正しく書ける幼児の割合　　　　　　　　　　　　　　　　　　（国立国語研究所）

	5歳児	4歳児
1字も書けない	5.29%	26.77%
6字以上、筆順も正しく書ける	81.27%	21.08%
21字以上、筆順も正しく書ける	56.68%	35.48%
60字以上、筆順も正しく書ける	3.75%	0.37%
人　数	1,399人	818人

❸ 文字指導

　就学以前の文字指導については賛否両論があり、その見解は大きく分かれています。どちらの説を支持するかは難しい問題で、一概に結論は出せないのが現状です。

　幼稚園教育要領解説によると、文字について「生活と切り離した形で覚え込ませる画一的な指導ではなく、一人一人の興味に合わせ、遊びなどの中で」指導することが大切と述べています。

　一斉に指導するのではなく、標識などと同様に幼児が触れる環境の中で楽しさを優先して味わわせるとも触れています。これは「読み」の項の「小学校以降において文字に関する系統的な指導が適切に行われる」とも合致しています。

　これはレディネス（readiness・学習準備）が整ってから指導するべきという考えと、幼稚園教育が完全義務化していないとの2つの理由によるものです。

　一方では、レディネスの成熟を待ってから文字指導するのではなく、それに先行して教育すべきという考えがあります。そして、一部の幼稚園や保育所ではドリルやワークブックを用いた一斉授業による文字指導が行われています。さらに、その成果を卒園文集として発行している幼稚園や保育所さえあります。

　三神廣子氏の研究（「一宮女子短期大学紀要」第12、13、14集など）では、このような早期の文字教育に否定的な立場を取っています。早くから文字を覚えるからと学習させた場合、早すぎる言語化は思考を硬化させ、思索の範囲を限

●年齢別相対評価平均の比較
（三神廣子氏による）

年齢	文字を教えた場合	文字を教えない場合
3歳	2.7	2.5
4歳	3.2	3.2
5歳	3.3	3.7

上の表は、子どもがそれぞれの年齢段階において、相対的にどのような位置にあるかを示しています。優秀な段階は5であり、低くなるに従い4、3、2、1と評価されます。これから分かるのは、3歳では文字教育を受けた子どもが0.2上回っています。4歳では差がなく、5歳になると逆に文字教育を受けない子どもが好成績を示しています。

「思考を硬化」「思索の範囲を限定」などの悪影響が、この逆転現象から読み取れます。

●国語学力点と学力偏差値の比較　※（　）内はその項の満点　　（三神廣子氏による）

		聞く	読む	作る	書く	合計	学力偏差値平均
小1	文字学習受ける	4.42	5.75	1.72	1.92	14.36	27.75
	特に受けない	7.08	10.75	4.67	3.13	25.62	37.30
		(15)	(27)	(18)	(20)	(80)	
小2	文字学習受ける	7.55	16.98	7.68	13.38	45.60	47.63
	特に受けない	8.72	21.70	9.38	11.44	50.56	50.81
		(15)	(27)	(18)	(20)	(80)	
小3	文字学習受ける	6.80	16.40	8.30	14.60	46.23	45.50
	特に受けない	10.32	22.56	11.76	15.20	59.84	54.68
		(15)	(30)	(18)	(22)	(85)	

さらに、この点について小学校段階を調査した結果が上の表です。これによると幼稚園で文字指導を受けた子より、受けていない子の方が小学校1～3年を通して優れた国語力を示しています。幼稚園で一斉に文字指導を受けた子どもは、小学校に入ってから国語の学力が伸びないなど、逆効果であることが分かります。

以上から、文字に興味を示さない子どもまで一斉に指導するカードやドリル、ワークブックを用いたり、テストをしたりは、むしろ害の方が多く、大人の満足でしかないのです。

文字だけを取り上げて「読める」「書ける」を問題にするのではなく、生活の中から興味を引き出し、段階的に身につけさせることが大切です。

すべての教育は、早さを競うものではないでしょう。表面上の現象を捉えて一喜一憂するのは大人の勝手で、教育的ではありません。個人差を認めつつ、個人の欲求や能力に沿った無理のない指導に重点を置きたいものです。

6 言語障害

ことばは脳からの指示によって音声器官から発せられ、それが相手の耳で受け止められ、脳に伝達されて処理されます。この過程のどこかに障害が生じると、ことばの発達に遅れなどが見られます。

言語障害とは、話しことばに異常のあることばの病気です。この障害のある子どもは、専門家による診断と治療が必要ですが、軽度の場合は普通の環境で生活します。保育者はこのような障害に理解と知識を持ち、できる限りの配慮をしたいものです。

言語障害は子どもから大人まで幅広い年齢層で見られますが、ここでは子どもに限定して症状と対処法について考えてみましょう。

❶ 聴覚障害

聴覚の障害によって聞こえが悪くなる状態を指します。先天性の難聴であったり、ろうである子どもに見られ、ことばの発達が遅れたり発音や声に異常が認められます。

耳の入り口の外耳、中耳に障害がある場合は、補聴器の使用によって音源を大きくすれば矯正可能です。しかし、子どもは補聴器の使用を嫌います。最初は短時間の装着から始め、次第に長くします。保育者や周囲の理解ある指導が求められます。

これに対して、内耳さらにその奥に障害がある場合は、専門家による治療が必要となります。最近では「人工内耳」などの新しい治療法も開発されています。

❷ 音声器官の異常

　音声を発する器官の異常によって生じます。この障害の代表的なものに口腔の上側の部分が裂けている口蓋裂があります。今のところ、原因ははっきりしていません。

　生まれつき口蓋が裂けて、発音に異常が見られますが、その多くは口唇裂（みつ口）を併発しています。

　口蓋裂の状態で生まれた子どもを放置すると、正しい発音ができなくなります。生後1年6ヵ月前後、体重10kgくらいになったら形成手術を受け、その後、専門家による言語治療を受けなければなりません。

　このほか聞き取りにくい声、不快感を与える声などのケースもありますが、やはり専門家による耳と発声の訓練を必要とします。

❸ 吃音

　吃音とは発音が不自由でどもることで、ことばのリズムに異常が生じます。一般に次の3つの型に区分されます。

　　(1) 連発型　　「ぼ・ぼ・ぼ・ぼく」
　　(2) 伸発型　　「ぼーく」
　　(3) 難発型　　「ぅーぼく」

　吃音は遺伝や、子どものころの劣悪な言語環境・心理的環境で育ったことが原因とされています。そして、3歳ごろの比較的男の子に多く見られます。ことばの習得過程におけるもたつきで、よく見られる現象です。

　「ゆっくり話してごらん」とか「よく考えてから話しなさい」という指導は好ましくなく、むしろ無関心を装った方がよい結果が得られます。吃音を指摘したり笑ったりして、症状を悪化させることのないように心がけたいものです。

　吃音はなるものではなく、母親がさせるものという考え方があります。母親がよく話を聞かなかったり、厳しく叱ったりが原因という人もいます。確かに、

そういうケースもあるかも知れませんが、すべてを母親の責任とするのは問題です。

　吃音のある子どもに接するときは「教え込まない」ことが大切で、劣等感を持たせないようにしなければなりません。吃音の治療方法には、言語聴覚士の言語訓練や精神療法などがありますが、診療してくれるところは少ないのが現状です。

❹ 脳性マヒによる異常

　脳性マヒとは、文字どおり大脳のマヒを意味します。脳性マヒ児の8割近くが、言語障害を伴うと言われています。脳性マヒ児は舌の運動、呼気、吸気、咀しゃく、えん下で異常なパターンを示し、音声がはっきりしないなどの言語障害が見られます。専門医の治療とその指示による訓練が必要となります。

　このような障害を持つ子どもに対する保育者は、特別扱いしたり軽蔑視したりすることのないように努めなければなりません。たどたどしい話でもよく聞いてあげる姿勢が大切です。

❺ 環境による遅れ

　周囲からの話しかけが極端に少ない環境で育てられた場合などは、ことばの発達に遅れが生じることがあります。例として、人手不足の乳児院で言語形成期の初期を過ごすと、ホスピタリズムといわれることばの遅れが指摘されています。また、極端な過保護によって発語が妨げられる場合などが考えられます。

　話しかけを多くするなど言語環境を豊かにし、よく聞いてあげるなど、ことばの刺激をたくさん与えることが求められます。

　以上、言語障害を概観してみました。

　最近では、軽度の障害児は普通の幼稚園に入るケースが増えています。そして、集団生活を経験させることにより、よい結果が出ています。これには保育者や周囲の友達の理解ある態度が大切になります。

　また、重症の場合には、専門医や言語聴覚士（speech therapist）の治療や矯正を受けなければなりません。言語障害を発見したら、早期の治療が大切なの

で、できるだけ早く専門家の手にゆだねるように配慮しなければなりません。
　最近、小学校に言語学級（ことばの教室）が、病院に言語治療センターが付属して設置されていますので、調べて相談するとよいでしょう。

第3章　ことばの指導と計画

　ことばの指導にはしっかりした計画が必要です。その場限りの指導をするのではなく、総合面からの適切な指導が望まれます。さらに、ことばは他の領域と密接な関係にあるので、この点への配慮も忘れてはなりません。
　ここでは、今まで学んだことをどのように具体化するかを考え、それを実践する計画表を立ててみたいと思います。実際に計画表を作成するには、次の3点を考慮に入れなければなりません。

(1) 幼稚園教育要領や保育所保育指針との関連
　　　具体的な活動の基本になるのが、幼稚園教育要領や保育所保育指針です。よく理解し、それを踏まえて計画することが大切です。
(2) 地域や園の実情の把握
　　　子どもの家庭や地域での生活体験をもとに考えなくてはなりません。計画を立てる前に保育者は地域の自然、社会行事、公共施設などを熟知しておく必要があります。
(3) 子どもの発達段階の認識
　　　計画表は子どもの生活する姿をあらかじめ想定した仮説という一面もあります。無理のない計画はもちろんですが、計画を実践してみて適切であったかどうかを検討することも忘れてはなりません。

これらに留意して、適切な指導計画を作るようにしましょう。

以下に、系統的な指導の例を1つずつあげておきます。なお、各指導計画表の間には関連がなく、それぞれ独立したものであることに注意してください。

1 年間指導計画表

4月から3月までの1年間の見通しを、月ごとに計画を立てます。各月あるいは各学期の集約された計画がこの表になるべきですが、ここではそれとは別に目標を立て、具体的な指導例をあげてみました。

● 「言葉」年間指導計画表　　4歳児クラス

月	言葉の目標	経験と具体的な指導	月の目標
4月	・簡単なあいさつや返事をする。 ・簡単な指示に従って行動する。 ・集団生活の決まり、遊びに必要なことばを知り、行動する。 ・先生や友だちの話を聞くことに慣れる。 ・思ったこと、言いたいことを言えるようにする。 ・絵本、紙芝居、童話、テレビなどに親しむ。	・おはようございます ・さようなら ・いただきます ・ごちそうさまでした ・ただいま ・ありがとう ・はい ・いいえ　などを言えるようにする。 　先生の話をよく聞くように指導する。 　友だちの前で話をさせる。 　自分の名前、家のことなど。 　絵本、紙芝居、童話、テレビなどを見せ情操を養う。 　園生活の約束や決まりを知らせる。	園に親しみを持ち、喜んで登園し、先生や友だちと遊ぶ楽しさを味わう。 　園生活に必要な約束や決まりを知り、守る。 　身近な日常の生活習慣を身につける。

月	言葉の目標	経験と具体的な指導	月の目標
4月		・園庭、園内めぐりをする。 ☆交通安全 ☆昭和の日	
5月	・先生や友だちと恥ずかしがらずに話す。 ・うれしいことや楽しい経験を話す。 ・自由に絵本を見たり、先生に読んでもらったりする。 ・音や鳴き声の違い、いろいろな音の違いに気づく。	・話の内容に興味を持ち、聞く態度を養う。 ・絵本、紙芝居を見る。 ・集団活動、遊び。 ☆避難訓練 ☆遠足 ☆みどりの日 ☆こどもの日 ☆母の日	戸外で友だちと仲よく元気に遊ぶ。 用具や遊具の正しい扱い方を知り、楽しく遊ぶ。 順番、後片付けなどを覚える。
6月	・自分から好きな遊びに入り、友だちといろいろな会話を楽しむ。 ・楽しく遊ぶ中で日常用語を覚える。 ・簡単なあいさつができるようにする。 ・自分の経験したことを話す。 ・人の話を注意して聞く。 ・興味を持ったこと、疑問に思ったことを話したり、聞いたりする。	・入れて、貸してなどが言えるようにする。 ・室内遊びをする。 ・図鑑や絵本を見る。 ☆梅雨について話してあげる。 ☆虫歯予防デー ☆時の記念日	友だちといっしょに遊ぶ楽しさを知る。 梅雨時の自然現象に興味を持たせ、衛生習慣を身につける。
7月	・絵本やお話、伝説などに興味を持つ。 ・ことば遊びを楽しむ。 ・七夕や美しい伝説に	・絵本やビデオ、DVDなどを見せる。 ・紙芝居、人形劇を見せる。	決まりを守って楽しく遊ぶ。 いろいろな遊びを通して自然に興味を持つ。

月	言葉の目標	経験と具体的な指導	月の目標
7月	ついて聞き、感じたことをことばで表現する。 ・基本的な形、色や物の名前などを知る。 ・夏休みの生活(どんなことをしたいか)について話させる。	・七夕(笹飾り)を作ったりして色や形に興味を持たせる。 ・夏休みの過ごし方や約束について話し合う。	水遊びを楽しむ。
9月	・夏休みの生活体験を相手に分かるように話したり、友だちの発表を聞いて内容が分かる。 ・上下左右などの位置についてのことばを知り、行動する。 ・必要な注意事項、説明をよく聞き取る。 ・先生や友だちの話を親しみを持って聞く。	・夏休みの生活体験を発表させる。 ・ことば遊び(しりとりなど)をする。 ・話を聞く、話をする態度を養う。 ☆月見(十五夜) ☆敬老の日	園の決まり、約束を再認識させ、元気いっぱいに遊んだり運動させる。 　友だちと協力して仕事や遊びを楽しむ。
10月	・運動のルールや注意事項を聞き分ける。 ・運動会について話し合う。 ・実りの秋や木々の紅葉について知っていること感じたことをことばで表現する。 ・身近な事象の名前を知り、はっきり話す。	・運動会について話し合いをする。 　●やりたい競技 　●方法 　●準備 　●楽しかった経験 　　など ・ことば遊び（仲間集め）をする。 ☆運動会 ☆体育の日	決まりを守り、協力して遊びや運動を元気にする。 　園外保育を通して、秋の自然に関心を持つ。
11月	・ごっこ遊びに必要なことばを覚えたり、遊びに関することばや物	・物の名前や遊び方とその種類を指導する。 ・木の実や木の葉を使	自然物を利用して遊びながら、自然の変化に気づく。

月	言葉の目標	経験と具体的な指導	月の目標
11月	・に気づく。 ・遊びに必要なことばや生活に必要なことば確かなものにし深める。 ・見たこと、聞いたことについて自分の考えを発表する。	・って遊ばせる。 ・乗り物ごっこなどをする。 ・ことば遊びをする。 ☆文化の日 ☆七五三 ☆勤労感謝の日	ごっこ遊びを通して役割を分担したり、みんなと遊ぶ楽しさを味わう。
12月	・お話を通してイメージを広げたりする。 ・みんなの前ではっきり聞こえるように話す。 ・印象の強かったことなどを劇遊びで表現する。	・生活発表会をする。 ●劇 ●リズム ●歌 ・ことば遊び(なぞなぞ、しりとり)などをする。 ・お正月について話し合う。 ・冬休みについて話し合う。 ☆クリスマス	生活発表会を通して1つの遊びをみんなで協力し完成する喜びを味わう。 年の瀬の町やお正月について関心を持たせ、身近な生活の変化に気づく。
1月	・お正月遊びを通して、ことばのおもしろさや文字について関心を持たせる。 ・冬休みの体験を人に分かるように順序よく話すことができる。 ・人の話を注意して静かに聞く。 ・お話作りを通して、文のしくみに気づく。	・お正月遊びをする。 ●かるた ●すごろく ・冬休みの生活体験を発表する。 ・ことば遊び(伝言遊び、お話作り)をする。 ☆成人の日 ☆雪	友だちとルールを守っていろいろな遊びを楽しむ。 冬の自然に関心を持つ。 なるべく戸外で元気に遊ぶ。
2月	・簡単な文の仕組みが分かる。	・郵便ごっこをする。 ●自分の名前	寒さに負けないように元気いっぱいに遊ぶ。

月	言葉の目標	経験と具体的な指導	月の目標
2月	・自分の名前が書ける子は書かせ、文字に親しみを持たせる。 ・生活のことば、日常のあいさつをはっきり交わす。	●相手の名前 ・ことば遊びをする。 ☆節分 ☆立春 ☆氷、霜	冬の自然に興味を持たせる。
3月	・どんな年長さんになりたいかを話し合う。 　○考えたこと 　○感じたこと 　○思い出 ・年長さんへの感謝のことばをみんなで考える。 ・1年間の楽しかった思い出などを語ったりして共感し合う。	・お別れ会をする。 ・年長さんへ贈ることばをみんなで考える。 ☆ひなまつり ☆お別れ会 ☆終了式 ☆春休み	もうすぐ年長組になるという喜びや期待感を持たせ、考えて行動する。 　お別れ会を通して、別れの感情や感謝の気持ちを持つ。 　自分の考えを発表し、友だちの話を受け入れて聞く。

2　学期別指導計画表

　1～3学期と分けて計画を立ててみました。さらに「聞く」「話す」というように活動ごとに目標を示し、それをどのように指導したらよいかを加えました。ここでは年長組を扱いましたので、高度な要求が多くなっています。

● 「言葉」学期別指導計画表　　5歳児クラス

学期		目　標	具体的な指導
一学期	聞く	●人のことばや話を聞いてわかるようになる。 ●注意して聞くようになる。	●適切な機会をとらえて身近な人のことばに親しみを持ちながら聞き、次第に友だちといっしょに童話や人の話を注意して聞くような態度を養い、幼児の発達の程度に応じてことばの意味を正しく把握できるようにさせる。 ●入園式、始業式での先生の話を静かに聞くように指導する。 ●組の名前、担任の先生の名前、園の決まり、健康検査などについての話を興味を持って聞かせる。 ●憲法記念日、みどりの日、こどもの日、母の日、父の日などの意味をわかりやすく説明し理解させる。 ●遠足についての諸注意を紙芝居などで行ったりして、遠足に興味を持たせるように指導する。 ●雨期の衛生について理解し、室内外での遊具の使い方に興味を持つようにペープサートなどを使って指導する。
		●童話を喜んで聞くようになる。	●先生の話す童話に興味を持たせる。 例）金太郎、ピノキオ、親指姫など
	話す	●したいこと、してほしいことをことばで表現する。	●病気、けが、排泄などのとき、ことばに出して言うようにさせる。 ●遊びを通しての役割の中で言いたいこ

学期		目 標	具体的な指導
一学期	話す	●先生や友だちに話しかけるようになる。 ●見たこと聞いたこと感じたことを話せるようになる。	とをはっきりと言うようにする。 ●先生や友だちの名前を覚えやすいように自己紹介をさせたり、自分が興味があったり感動したことなどを友だちの前で話すような場を作ってやったりして、人前で話すことに慣れさせる。 ●友だちと相談したり、当番の役割分担について話し合いをさせる。 ●幼児語、幼児音を使わないようにさせ、正しい発音で話させる。
	生活に適応する	●日常生活に必要なことばが正しく使えるようになる。 ●正しい日本語を育てる。 ●標識や記号を知り、日常生活に役立てる。	●日常生活の中でのあいさつがきちんとできるようにさせる。 ●幼児語、流行語、乱暴なことばを使う場合は、正しい日本語を使うように指導する。 ●日常生活に必要な標識や記号に慣れさせ、文字への興味や関心を持たせる。 ●日常生活に必要な道具、用具、遊具の名前を覚えたり、組の名前を知るようにさせる。 ●遠足、見学などを通して、自然や社会事象の名前を知るようにさせる。
	想像力を豊かにする	●絵本、紙芝居、放送などを喜ぶ。 ●テレビを楽しんで見る。	●友だちと楽しく絵本、紙芝居を聞いたりするとき、内容がわかるように年齢に合ったものを選ぶ。 ●お話をするときの場所の設定や照明を考えて読み聞かせをする。 ●聞いた話をもとにペープサートや紙芝居を作って楽しむ。
二学期	聞く	●先生や友だちの話を静かに聞くことができる。 ●話の内容を理解する。	●友だちの発表(夏休みの出来事)を静かに聞かせ、友だちについて関心を持たせる。

学期	目標		具体的な指導
二学期	聞く	●指示に従って行動することができる。 ●童話を楽しみ内容を理解して聞くことができる。	●月見、敬老の日などに関する話をして興味を持たせ、それらについて理解させる。 ●文化の日、七五三、勤労感謝の日の話を聞かせ、身近な事柄や人々を通して社会に触れさせる。 ●グループごとにごっこ遊びをさせ、お互いの意見を聞きながら進めさせる。 ●先生や当番の指示を聞いて、行動できるように指導する。 ●遠足や運動会のときや緊急時に指示に従って早く行動が取れるよう、日ごろから練習させる。 ●紙芝居、童話などを読んで、その楽しさを味わわせる。その際、声の抑揚に気をつけさせる。 ●名作童話など話の長い作品でも、次第に理解して聞くようにさせる。
	話す	●人の前ではっきりと話す。 ●見たこと、聞いたこと、感じたことを筋道を立てて話せるようにする。 ●積極的にグループでの相談に参加することができる。 ●友だちにわかるような話し方を工夫して話す。	●夏休みの出来事をみんなに聞こえるように話させる。その際、ことばの語尾をはっきり言わせ、正しい話し方を身につけさせるとともに、何度も行って話す機会に慣れさせる。 ●運動会、遠足、遊びなどで経験したこと、感じたことを順序よく詳しく話せるように指導する。 ●消極的な子でも活発に意見が出るように、グループ編成はよく考慮して作る。 ●ごっこ遊びのルールを、友だち同士で話し合って決めさせる。 ●知っている童話を、友だちにわかるように話すことによって、自分なりに工夫して話すことを覚えさせる。

学期		目標	具体的な指導
二学期	生活に適応する	●返事、あいさつを進んでする。	●先生や友だちに進んであいさつするように指導し、先生側も笑顔で応対する。 ●名前を呼ばれたり、用事を頼まれたら、はっきりと返事するように習慣づける。 ●自分の誕生日、住所、両親や兄弟の名前などが言えるように、個別指導する。
		●日常生活に必要なことばが正しく使え、範囲も広がるようになる。	●運動会に関することば「勝ち、負け、早い」を教える。 ●普段の遊びの中で、ことばの指示やごっこ遊びのことばや数字、文字に興味を持たせる。
		●身近な事象の名がわかるようになる。 ●標識、記号に関心を深める。	●いろいろな職業の名を教えたり、それに関する話をして、身近に働く人に関心を持たせる。 ●小動物を飼ったり、教室に花などを飾って、自然の事象をわからせるとともに、生き物をかわいがる優しい心を育てる。 ●黒板、その他の文字に注意を向けさせ、文字への興味を深めさせる。 ●必要な交通標識を教えて、覚えさせる。
		●ことば遊びを楽しむ。	●反対、類似などのことば遊びを楽しみながら、新しいことばを覚えさせる。
	想像力を豊かにする	●童話や紙芝居の登場人物についての理解を深める。	●日本の昔話、民話、世界の童話を数多く読み聞かせる。 ●内容を理解し、感想を話し合わせる。 ●絵本、童話、紙芝居に親しませ、話作りや劇遊びなどに発展するようする。 ●絵本、紙芝居、テレビなどで見たり聞いたりしたものを、創意を生かしたことばで発表させる。
三学期	聞く	●人のことばや話などを聞いてわかるようになる。	●正月の経験について友だちの発表を静かに聞かせる。

学期		目標	具体的な指導
三学期	聞く	●指示に従うとともに疑問があれば聞くことができる。 ●グループで互いに意見をよく聞く。	●同じ事柄でも、いろいろな言い方があることに気づかせ、理解して使えるようにする。 ●しりとり遊びのルールをよく聞かせ、理解させる。 ●ひな祭りの話、終了式の話を注意して聞かせる。 ●幼稚園生活の思い出について、友だちの話をよく聞かせる。 ●小学校の生活はどういうものか、それを興味深く聞かせる。 ●節分の行事を指示に従って行わせる。 ●交代でリーダーになり、リーダーの指示をよく聞くように指導する。 相手の気持ちを理解し、自分の意見を出させる。
	話す	●経験したことや自分の思うことなどを、話すことができるようになる。 ●相手の話の内容がわかって、はっきりしたことばで答えたり、意見が言えるようになる。 ●ことば遊びをして楽しむ。 ●話し合いができる。 ●正しい発音、発声で話す。	●経験したこと感じたことを思い出しながら、積極的に話すように仕向ける。 ●正月、節分、ひな祭り、その他の日常の出来事を話すようにさせる。 ●必要な程度の音量で話すように教える。 ●友だちが話し終わってから話すように注意する。 ●思っていることをまとめてから話させるために、ゆっくり時間を取る。 ●しりとり遊びなどをして語彙を広める。そのときは、グループ内で積極的に意見を出し合って相談してから答えてもらうようにする。 ●組の決まり、遊びのルール、劇遊びの役割をみんなで話し合って決めさせる。 ●幼児音は、先生や周囲の人々が正しい発声を使うことによって、自然に直さ

学期	目標		具体的な目標
三学期	話す	●思ったことを、ことばでまとめる。	せる。 ●園生活を振り返り、楽しかったことを自分のことばで表現させる。 ●一人ずつ、お別れのことばを考えさせる。
	生活に適応する	●正しいあいさつの習慣を身につける。 ●身近な事象の名を言うことができる。 ●文字や数字に関心を深める。 ●生活に必要なことばを使うことができる。 ●正しいことばを使って話ができるようになる。	●新年のあいさつを元気よく交わす。 ●親しくない人でも、簡単な返事やあいさつができるように普段から指導する。 ●毎朝、月日・曜日・天気などを聞いて興味を持たせるとともにそれらの名を覚えさせる。 ●かるた、郵便ごっこ、すごろくなどの遊びを通して、様々な数字や文字があることを知らせる。 ●自分勝手な表現を改めさせ、正しいことば遣いを身につけさせるようにする。
	想像力を豊かにする	●劇的な表現活動をして楽しむ。 ●かげ絵を楽しむ。 ●園生活の思い出と1年生になる喜びを話し合う。	●正月の遊びや経験を物語などの話に作らせる。それを絵本、紙芝居、人形芝居、ペープサート、劇遊びなどで表現し発表させる。 ●既製の童話または自作の童話をかげ絵で表現して、その楽しさを味わわせる。 ●子どもの話をテープレコーダーに録音しておいて聞かせる。 ●園生活の思い出を話し合ったり、小学校への希望を話し合う場を作る。

3 月間指導計画表

　年間計画表をさらに詳しく具体化したものが月間指導計画表（月案）です。その月にふさわしい活動・経験・指導を考えなければいけません。ここでは４月をとりあげ、その月の特色に応じた例をあげてみました。

●「言葉」月間指導計画表　　４月　　　５歳児クラス

今月の言語目標
- 先生や友だちの名前を覚える。
- 日常生活に必要なあいさつを身につける。
- 幼児語・幼児音などを使わず、みんなに聞こえるような大きな声ではっきり話す態度を身につける。
- 先生や友だちの話を聞く。

子どもの活動	言語経験	具体的な指導
先生や友だちの名前を覚える。	●自分の名前を言う。 ●先生や友だちの名前を言う。 ●自分の住所・家の様子などをはっきり言う。	●自分の名前を自信を持ってはっきり言えるように指導する。 ●簡単なゲームを用いて早く先生や友だちの名前を覚えられるように導いていく。 ●正しく名前を覚え、はっきり言えるような場を作る。 ●みんなにわかるように話すことができるようにことばをかける。
紙芝居や絵本を見る。 あいさつを実行する。	●登降園のあいさつをする。 「おはようございます」 「さようなら」を言う。 ●世話になったら「ありがとう」迷惑をかけたら「ごめんなさい」を言う。 ●名前を呼ばれたり、用事を頼まれたら返事をする。 ●食前・食後のあいさつをする。	●先生や友だちに親しみを持って話す態度を身につけさせる。 ●あいさつする機会を見つけてその場で指導する。 ●子どもの特徴を早く知り、返事のできない子に特に配慮する。 ●大きな声で元気に返事ができるようにことばをかける。

子どもの活動	言語経験	具体的な指導
先生や友だちに親しみを持って話す。	「いただきます」「ごちそうさまでした」を言う。 ●日常語を使って話す。 ●簡単な質問・応答・報告などができる。 ●したいこと・してほしいことを相手にわかるように話す。 ●見たこと・聞いたこと・感じたことをみんなの前で発表する。 ●身近なことばを正しく使う。	●当番に責任を持つようにあいさつをさせる。 ●感謝の気持ちを持たせあいさつをするように指導する。 ●乱暴なことばを使う子に注意を促し正しいことばを使うようにさせる。 ●1日の生活の様子や休日にあった出来事などを話せるように指導をする。 ●気安く話せるような雰囲気を作る。また、ことばをかける。 ●相手の目をみて話すように指導をする。
先生や友だちの話を注意深く聞く。紙芝居を見る。	●先生や友だちの話を最後まで静かに聞く。 ●人のことばや話などを聞いてわかるようになる。 ●内容を考えながら紙芝居を見たり聞いたりする。	●短くてもひとつのまとまりある話ができるよう助言を与えて誘導していく。 ●自由遊びのときに話しかけ、自信を持てるようにする。 ●先生や友だちが話をしているときは、話に関心を持たせ、静かにさせる。 ●話しかけられたら注意して最後まで聞くようにさせる。 ●話の内容が理解できているかどうか観察する。 ●先生と子どもとの位置関係を配慮する。 ●先生は声の大きさに留意しわかりやすいことばで子どもが聞きやすいように話す。

4 週 案

　月間指導計画表をさらに週ごとに考えてみるのが週案です。ここでは9月第1週の計画をしました。夏休み明けの子どもたち、どのようにして落ち着きをとり戻させるかがポイントになります。ここでは一例ですが、さらに特色のある週を考えて、実際に計画表を作ってみるといいでしょう。

● 「言葉」週 案　　9月第1週分　　4歳児クラス

今週の行事	始　業　式	
今週の言語目標	●あいさつを徹底する。 ●夏休みの思い出を話す。 ●みんなと話す喜びを味わう。	
子どもの経験	言語経験	具体的な指導（留意点）など
9月1日 ●始業式	●園長先生・担任の先生の話を聞く。	●静かに聞く態度を養わせる。 ・話し手の方を見るようにことばかけをする。 ・手をひざの上に置かせる。 ・友だちをつついたり立ったりしないように注意する。 ●学期の最初の日であることをわからせる。 ・園長先生の話を静かに聞いたり、これからの園生活に興味を持たせる。
9月2日 ●夏休みの話し合い	●先生や友だちと、休み中に経験したことを話したり聞いたりする。 ●自分の考えを人にわかるように話す。	●休み中のことを話したくて仕方のない子どももいるので、話しかけてきたら丁寧に聞くようにする。 ●久しぶりの登園で不安になる子も出てくるので、一人ひとりの様子に十分に目を配り、話しかけたり遊びに誘ったりする。 ●話は、相手にわかるように話させる。 ●自分の思ったことを質問するようにことばかけをする。 ●話すことの喜びを味わわせる。

子どもの経験	言語経験	具体的な指導（留意点）など
9月3日 ●ゲーム 「あ」のつく人だーれ	●「あ」から始まることばを探す。	●先生が出題者になり、子どもたちに指名する。 ●日ごろおとなしい子どもにも発言させるように気を配る。 ●"「あ」がつくあい子ちゃんお願いね。「あ」から始まることばを探してちょうだいね。"というように適当にふしをつけて問題を出し答えさせる。 ●親しみのある名前の呼び方をきっかけに語頭に気づかせる。 ●できたら確認してほめてあげる。 ●「あ」だけでなく、いろいろな文字の名前の頭音遊びを楽しませる。 ●語尾にも気づかせるように遊びを展開させる。
9月4日 ●紙芝居を読んでもらう。 「大きくなるには」	●話の内容や筋がわかり大きくなるにはどうすればよいのか理解する。	●子どもたちの表情を見ながら、ゆっくり進める。 ●私語をしないように友だちと一緒に喜んでみたり聞いたりして後で筋や内容を話し合う。
9月5日 ●あてっこ遊び	●ものの特徴を知り、想像力・思考力を養い、語彙を豊かにする。	●絵カードを用意し、絵カードを引く人、引かせる人、当てる人に分ける。 ●たくさんある絵カードの中から一枚絵カードを引いてもらう。 ●取り出した絵カードを見て、絵カードに関係するヒントを出し、みんなに何の絵か当ててもらう。 【例】 カラスの絵カードを見て、「黒い色をしていて空を飛ぶものです」と言う。 ここまで言って当たらなければ「さらにカから始まるものです」など、ヒントを加えていく。

子どもの経験	言語経験	具体的な指導（留意点）など
		●絵カードは、ヒントの出やすい単純なものを選ぶ。 ●ヒントに困ったら、先生が助言し遊びが続けられるようにする。 ●目立たない子どもに、絵カードを引かせたりして自信を持てるようにする。
9月6日 ●ゲーム 「わたしは、何でしょう」（だれでしょう）	●ヒントを聞きながら、ものを考える。 ●話に興味を持って聞く。	●話を、興味を持って聞かせることにより、聞く態度及び集中力を養う。 ●ヒントは、はじめは大きなものから始め、わからないときには追加する。 【方法】 ・先生がヒントを3つから5つ、順次あげて早く当てさせる。 ・紅白、2組に分かれてやってもおもしろい。 【例】 　第1問 　　わたしは、3本足です。 　第2問 　　わたしは、たたくときれいな音が出ます。 　第3問 　　わたしは黒い洋服を着ています。 　　　　　　　　（答：グランド・ピアノ）

5 日 案

　登園から降園まで一日の流れを詳しく見るのが日案です。他の領域との関連を考慮しながら、望ましい計画を立てなければなりません。ここでは、「お店屋さんごっこ」にペープサートを導入して展開しています。

● 「言葉」日　案　　〇月×日（金）　4歳児クラス

本日の言語目標	●いろいろな遊具で遊んだり、先生や友だちと遊んだりして楽しい幼稚園生活を送れるようにする。 ●自分で考えたり、友だちと相談し、工夫して遊ぶ。 ●先生のことばを、注意して聞く。 ●相手にわかるように話す。		
時間	子どもの経験	言語経験	具体的な指導
8：00	●登園する。 ・所持品の整理。 ●自由に遊ぶ。 ・運動しやすい服装になる。	●朝のあいさつや返事を元気にする。 ●自由遊びを通して、他のクラスの友だちとも会話し、仲良くする。	●明るくあいさつをして迎えてやり、励ましのことばをかける。 ●消極的な子どもへの助言。 ●遊びの中で、トラブルが起きたときは、話し合って解決するようにする。 ●日常のことば遣いを正しく使うよう指導する。
9：00	●後片付けをする。 ●排泄 ●手洗い・うがい	●互いにことばをかけ合い、協力して片付ける。	●全員が片付けをするように促す。 ●所定の場所へ片付けられたか確認する。 ●清潔、病気の予防などの習慣をつけさせる。 ●静かに席に着かせ排

時間	子どもの経験	言語経験	具体的な指導
	●席に着く。 ＜朝のつどい＞ ●歌を歌う。	●元気に歌を歌い、歌詞を覚える。	泄・手洗いの確認をする。 ●歌詞を正しく覚え、元気に歌えるように指導する。
	●朝のあいさつをする。	●大きな声であいさつをする。	●一日の始まりはきちんとして元気にあいさつをするよう促す。
	●日、曜日を言う。	●今日の日、曜日を言う。	●今日の日、曜日を尋ね、数字や文字に興味関心を持たせる。
	●出席の返事をする。	●大きな声で出席の返事をする。 ●欠席者を教師に報告する。	●健康観察 ●クラス内での欠席状況を知らせ、楽しく登園できるように促す。
	●当番紹介	●当番への励ましの声をかける。	●責任をもって当番の仕事ができるようにする。 ●当番を励ます声をかける。
9：50	●排泄・手洗い		●清潔にし病気予防の習慣をつけさせる。
	●絵本を見る。	●絵本の登場人物の会話から正しい言語を学び取る。 【例】 「いらっしゃいませ」 「ありがとうございました」	●静かに聞けるように先生に注意を向けるように促す。 ●子どもの目の高さに注意して絵本の位置を決め、誰からもよく見えるようにする。 ● "お店"の絵本をゆっくり全員に聞こえ

時間	子どもの経験	言語経験	具体的な指導
			るように読む。
	●どんな店があるか話し合う。	●友だち同士お店について話し合う。●自分の意見を発表したり友だちの意見も聞く。	●身近なお店、絵本の中のお店などにより"お店"への興味や自分で思ったことを恥ずかしがらないで言えるような雰囲気を作るように努める。
	●1グループ、6～7人のグループを作り、各グループに分かれ、何屋になるか話し合う。	●自分たちでやりたいお店について話し合い、自分の意見や主張をはっきりと言い、友だちの意見や要求も聞く。	●各グループごとに何の店屋になるか話し合わせ、助言する。●グループ同士の交流を図るとともに、一人ひとりの意見や主張をはっきりといえるよう、また友だちの意見や欲求も聞くよう指導する。●個々の発想を大切にする。
	●ペープサートを作る。	●友だちと相談することにより、情報交換をする。●わからない事などを質問する。	●いろいろと創意工夫して友だちと相談しながら品物のペープサートを作るよう促す。●楽しい雰囲気づくりに努める。
	●クレヨンを片付け、ごみを拾う。●グループに分かれ、店に品物（ペープサート）を飾る。	●友だち同士ことばを掛け合うことにより、隅々まできれいにする。●グループ内で相談しながらそれぞれの飾	●みんなで協力して片付けができるように促す。●品物の名前、属性を理解させ、グループごとに個性ある飾り

時間	子どもの経験	言語経験	具体的な指導
	●先生の話を聞く。	り付けをする。	付けをさせる。
			●ゲームのルールを説明し、約束を守らせる。
	●電話を使い、注文したり届けたり、電話の相手を変えて遊ぶ。	●電話をかけたり、受け答えし、応答の仕方を知る。	●電話が上手く通じるよう電話遊びを経験させ、かけ方、対応の仕方などを正しく指導し、みんなが上手に電話をかけられるようにする。
			●電話の独り占めや取り合いなどしないで、できるだけ多くの子どもが電話を使えるように配慮する。
	●自由に買いに行ったりして遊ぶ。	●売る側、買う側の立場になり、応対の仕方を知る。	●ある程度やり方がわかったら、今度は自由に売り買いするよう発展させていく。
11：50	●後片付けをする。	●互いにことばをかけあい協力して片付ける。	●再び遊べるように丁寧に片付けをするように促す。
			●全員が片付けをするように促す。
	●排泄・手洗いをする。		●清潔、病気の予防などの習慣をつけさせる。
	●席に着く。		●静かに席に着かせ、排泄・手洗いの確認をする。
	●お弁当の準備をする。		●テーブルを拭いてからお弁当を用意させ

時間	子どもの経験	言語経験	具体的な指導
	・当番は、決められた仕事をする。		る。 ●全員用意できるまで静かに待つように話す。
	●歌を歌う。 （お弁当の歌） ●食事のあいさつをする。 ●昼食をとる。	●歌詞は、はっきりと元気に歌う。 ●「いただきます」のあいさつをはっきりという。	●歌詞は正しく元気に姿勢よく歌わせる。 ●米を作る人への感謝の気持ちを持つように話す。 ●残したり、こぼしたりしないようにさせる。 ●食べ終わっても出歩いたりせず静かに待たせる。
	●紙芝居を見る。	●紙芝居により、言語範囲を広くする。	●紙芝居により、食後の休息をとらせる。 ●子どもの目の高さなどに注意して絵本の位置を決め、誰からもよく見えるように配慮する。
	●あいさつをする。 ●後片付けをする。	●「ごちそうさま」のあいさつをはっきりという。	●紙芝居は、季節に合ったものを選ぶ。 ●ごみやこぼしたものを各自拾うように話す。
	●歯を磨く。	●歯磨き粉を先生につけてもらう際、「つけてください」「ありがとう」などとお礼を言う。	●正しい歯の磨き方を指導するとともに、なぜ歯磨きをするのかその大切さも知らせていく。 ●歯磨きは混み合うので順番に押し合わな

時間	子どもの経験	言語経験	具体的な指導
12：50	●帽子をかぶって外に出て、自由に遊ぶ。	●何の遊びをするか相談して仲良く自由に遊ぶ。 ●遊びのルールを教えあい楽しく遊ぶ。	いように指導する。 ●危険のないよう配慮する。 ●自分で考えたり友だちと相談したりして楽しく戸外遊びをさせる。 ●自分の好きな遊びを工夫して遊べるように見守ったり時には援助する。 ●友だちの中へ入って遊ぶことのできない子に対しては、なぜ入ろうとしないのかを分析し、その子に合った援助をする。
13：30	●後片付けをする。 ●排泄・手洗いをする。 ●降園の準備をする。 ●席に着く。 ＜帰りのつどい＞ ●指遊び(手遊び)をする。	●互いにことばをかけあい、協力して片付ける。 ●歌詞と手（指）の動きを遊びながら楽しく覚える。	●全員が片付けをするよう促す。 ●所定の場所へ片付けられたか確認する。 ●清潔、病気の予防などの習慣をつけさせる。 ●友だちの持ち物と間違えないように声をかける。 ●降園の用意ができたら静かに座って待っているよう促す。 ●指遊びを通して楽しい雰囲気を味わい、明日への期待を持たせる。

時間	子どもの経験	言語経験	具体的な指導
	●先生の話を聞く。		●先生に注意を引かせ、静かにさせる。 ●明日の連絡事項を伝える。
	●歌を歌う。	●元気に歌を歌い、歌詞を覚える。	●元気よく歌えるように指導する。
	●帰りのあいさつをする。	●大きな声であいさつをする。	●１日の終わりのけじめをつけるためにも、きちんと元気よくあいさつをする。 ●忘れ物のないように配慮する。
14：00	●降園する。	●口々にあいさつして元気に帰る。	●明日の活動を話し、明日への期待を持てるようにする。

II

実践編

「理論編」において、ことばの重要性について述べてきましたが、「実践編」ではどのように指導していくかを、具体的に実践に結びつくように考えてみたいと思います。
　分かりやすいように、事例などをあげますが、いろいろな保育の方法がある中の一つの参考例としてとらえてください。

第1章 ことば遊び

　美しい日本語を育てるために、子どもの日常体験を通して、ことばで考えことばで表現する姿勢を養うのに、ことば遊びを活用したいものです。
　ことば遊びは、ことばに対する興味や関心を持つだけでなく、ことばの能力をつけることにもなります。言語教育の一環であるとともに、レクリェーションとして楽しむ性格もあることを忘れずに指導することが大切です。

＜注意点＞
①子どもの発達状況に即して指導する
　　　………理解できる簡単なルールのものから行う。
②できるだけ短時間にする
　　　………単調であきやすいので、食後や降園前などの気分転換に行う。
③よく説明して楽しく行う
　　　………納得を強制せず、学習する喜びを与えるようにする。

1 種類とねらい

　ことば遊びは、伝説や民話と同じように昔から伝承されているものもあり、もともとは大人の遊びでした。それが子どもに転化したものです。伝承的なものや新しいものなどをあげてみました。

1) まねっこ遊び……………鳴きまね　音当て
2) 名前あて遊び……………物の名前を知る
3) ストップ遊び……………種別の違いを知る
4) ことばのかくれんぼ………文章作り　動詞や名詞探し
5) ゼスチャー遊び……………身近な動作や現象を表すことばに気付く
6) 伝言遊び…………………保育者や友だちのことばを注意して聞き、
　　　　　　　　　　　　　相手に正しく伝える
7) 大きいものは……………いろいろなものの特長に気付く
8) 同音異義…………………同音で意味の違いに気付く
9) 仲間集め…………………色や形　大きさ質などによって
　　　　　　　　　　　　　仲間の集合に慣れる
10) ことばつなぎ遊び…………絵を何枚か見せ、
　　　　　　　　　　　　　　つなぎことばの仕組みを知る
11) お話作ろう………………絵カード何枚か使用し、
　　　　　　　　　　　　　豊かな想像力を引き出す
12) 言い換え遊び……………ことばを注意して聞き、間違った語句を
　　　　　　　　　　　　　訂正し、正しいことばを知る
13) どんなお話できるかな………ことばで創造力、思考力を養う
14) 文つなぎ遊び……………構文遊びで、いつ・だれが・どこで・
　　　　　　　　　　　　　だれと・何をした
15) しりとり…………………語彙を豊富にする　注意力を養う
16) そろっているもの集め………生活経験の記録によってまとめる
17) 短いことば長いことば………ことばによって音節数の違いに気付かせる
18) 乗り物ごっこ……………経験した乗り物を再現して遊ぶ

　　　　　　　　　　　　　車掌を決める　車内案内などもしてみる
19) かたち集め……………………語彙を豊富にして、連想作用を助ける
20) かず集め………………………語彙を豊富にして、観察力を養う
21) お店やさんごっこ……………それぞれの店にあるもの
22) ものまね………………………注意力を養う
23) 電話ごっこ……………………相手にわかるように話す
24) クイズ…………………………想像力を養う
25) 反対ことば……………………対の形にして覚える
26) お友だち連れてきて…………思考力、ことばによるイメージづくりの
　　　　　　　　　　　　　　　　能力を育てる
27) 買物ごっこ……………………品物の名前をはっきり言って買う
28) 私のニュース…………………朝・昼などのひと時を利用して話すだけでなく、
　　　　　　　　　　　　　　　　聞く態度も養う
29) お話リレー……………………リレー童話・想像力・創作力を養う
30) カルタとり……………………ことばとイメージのつながり
　　　　　　　　　　　　　　　　日本のお正月遊びの時期に合わせて
　　　　　　　　　　　　　　　　手作りすると良い
31) 音の数いくつ…………………ことばを言いながら手をたたく・発音練習する
32) 音あて遊び……………………テープに録音したものを利用する
33) 仲良し集め……………………語彙を豊富にしたり、整理したりする
34) 早口ことば……………………発音練習
35) 鳴き声遊び……………………動物の絵を見て、発声の訓練と注意力を養う
36) 友だち探し……………………仲間集めに同じ
37) 絵かき歌………………………歌いながら簡単な絵を完成させる
38) 身振りですることば…………手話やことば以外の表現の手段を理解する
39) 足ですることば………………足で動作することば集め遊び
　　　　　　　　　　　　　　　　（足ジャンケンなど）
40) あいさつことば………………生活習慣の大切さを知る
41) くらべっこ……………………物の大小・高低・早い遅いをことばで
　　　　　　　　　　　　　　　　確認する

42) 人当て遊び……………………観察力と推理力を養う
43) アクセント遊び………………正しい発音を身につける（同音異義語と同じ）
44) ふたつふたつなんでしょね…観察力・事物の認識（体や顔）
45) 何に見える……………………切り取った紙を見てその感じを発言する
46) 色とことば集め………………色あてごっこ（赤い色で知ってるもの）
47) 仲間探し………………………絵を見て仲間を発言する
48) 繰り返しことば………………擬音・擬声語・擬態語など
49) さかさまことば………………しんぶんし・トマトなど（回文(かいぶん)遊びも含む）
50) 何人・何匹・何個……………数えことばの使い方を知る

　日常の保育の中で、何気なく使い遊んでいることをとりあげるとこれほどの数になります。他にもまだありますし、アレンジすると遊びはもっと発展します。それぞれのことば遊びには教育的ねらいがあり、ことばを使いこなす生活の場として、目的に達成するよう計画的に実施すべきです。

　幼児期に、人間としての生活の基礎となることばの力を育てることが、困難になってきています。ことばをあまり使わなくても生活が便利にできる社会の風潮、生き生きとした幼児の直接体験不足、人との関わりが稀薄になっているなど、ことばを習得する時に環境的に問題があります。一番最初に出会う保育所・幼稚園の先生は「ことばのモデル」であることを意識して、幼児が喜んで遊びながらことばを身につけることができるように、常にコミュニケーションできる力を育てる方法を探ることが大切です。

2 ルールと解説

①なぞなぞ……子どもの好奇心をさそい、思考力を育てる
　年齢によってヒントの与え方を工夫する。
②頭音遊び……語彙を整理し豊かになる
　「あのつくもの」など、同じ音で始まることばを集める。名詞が中心なるが、動詞や形容詞を集めてもよい。

③しりとり………語尾に対する注意力が養われる

　昔からある遊びで「ん」がついたら負け・グループに分けて行う・時間を決めて行うなどいろいろな方法を工夫する。

④反対ことば……反対の概念を理解するのは困難であるが、具体的な場面をとらえて伝えていくと理解が早い。

⑤早口ことば……発音練習で、遊びながら正しく少しずつ早く言う

　手を打ちながらするとリズムをとりやすい。

【例】なまむぎ、なまごめ、なまたまご
　　　となりのきゃくは、よくかきくうきゃくだ
　　　あかぱじゃま、きぱじゃま、ちゃぱじゃま

第2章　絵　本

1　絵本の特性

　子どもは、ことばや絵の表現からいろいろな事象をイメージ構築して絵本を楽しみます。そのイメージには大人と異なり限界があります。生活経験と似た記憶と重ねることが多く、その中で絵本を楽しんでいきます。

　絵本は、次のような特性があります。

①想像から創造の世界へ導く

　未知の世界への想像（イマジネーション）を働かせるためには、視覚的補足のある絵本は好材料となる。動画のような連続的展開ではないので、絵と絵の間隙(かんげき)に想像を巡らしイマジネーションを働かせるプロット（小説の筋）を創造する。

②ことばに関心を持ち、ことばで表現する力を豊かにする

　繰り返し見る・ストーリー暗唱・予測したり、物語の筋立てを先取りして満足感を得る。この過程でことばに敏感になり、ことばで表現する能力を身につける。

③関心事の広がりと感動の心を養う

　主人公になりきって疑似体験を繰り返しながら感動の心が育っていく。感動の積み重ねから、情緒の安定が図られる。

④知的好奇心の発揚につなげながら知識や理解を深める

　絵本のジャンルは、多種多様にある。

　＊「物語絵本」絵を見ながら話を追って行く。そして感動の心を育てる。

　＊「生活絵本」生活習慣やしつけを指導する。

　＊「知識絵本（観察絵本)」乗り物、動植物、天体、社会などあらゆる情報を物語風に展開して、子どもの科学的知識を遊び感覚で高めていく。

　それぞれの特徴を生かした与え方をするとより効果的となる。

⑤文字や生活の中のことばに関心をもつ

　絵本を読み聞かせてもらっているうちに物語に関心を持ち、文字に興味を示す。発問「これなあに」を促し、文字のたどり読みを始めるきっかけとなる。文字が読めるようになっても、読み聞かせは続けることが大切である。

2　絵本の選択

　書店には、多くの絵本が市販されています。「子どもが最初に出会う絵本」「子どもが初めて手にする絵本」「〇歳向き絵本」などのキャッチコピーが目立ちますし、子ども向け図書コーナーに、豊富な絵本が用意されています。自由

に選択できる反面、豊富なため迷ってしまうことがあります。ブックリストを利用して選ぶとよいでしょう。

家庭での絵本経験値の差、また、集団で読み聞かせする場合は、個人的なものと違って子どもの欲求も異なるので対応の幅が広くなります。

以上の条件を考慮して、絵本を選ぶ時は次の点に留意しましょう。

①絵本として優れている

絵が美しく明確で、ある程度の大きさがある。自然界に存在しないような原色を使った絵本は避けたい。また、大小が正確でない、例えば「ダンプカー」と「タクシー」が同じ大きさの絵本は優れているとは言えない。

②文章にリズムがある

繰り返しが効果的なもの・簡潔で一場面の文章が長すぎない。

③絵と文章表現が一致している

ごくまれに不適切な絵本がある。

見ている子どもは、ストレスがたまるので注意を要する。

④聞き手の子どもの年齢層・発達段階に沿っている

年齢による理解度・経験による関心度の違いなどを考慮する。

1・2歳児は、文字が少なく絵が分かりやすく描かれていて、生活に密着した絵本が良い。

3・4歳児は、長すぎずストーリーに繰り返しが出てくる・展開が明瞭簡潔な絵本を好む。

5歳児は、絵のない童話も何日かに分けて読み聞かせることも可能になる。偏らないで与える。

⑤テーマ別のブックリストを参考にする

次ページからのようなブックリストを利用すると良い。

●資料１．ブックリスト（保育者となるために知って欲しい絵本）

赤ちゃん絵本

1．いきものと出合う

絵本名	文	絵	出版社
①いいおかお	松谷みよ子	瀬谷康男	童心社
②うさこちゃんとどうぶつえん	ディック・ブルーナ	ディック・ブルーナ	福音館書店
③かばくん	岸田衿子	中谷千代子	福音館書店
④ぞうくんのさんぽ	なかのひろたか	なかのひろたか	福音館書店
⑤おかあさんといっしょ	薮内正幸	薮内正幸	福音館書店
⑥どうぶつ	B・ワイルドスミス	B・ワイルドスミス	らくだ出版
⑦どうぶつのおかあさん	小森 厚	薮内正幸	福音館書店
⑧どうぶつのこどもたち	小森 厚	薮内正幸	福音館書店
⑨さかな	B・ワイルドスミス	B・ワイルドスミス	らくだ出版
⑩わんちゃん　わんわん	西内ミナミ	清水　勝	金の星社
⑪はらぺこあおむし	エリック・カール	エリック・カール	偕成社
⑫おおきいちいさい	ディック・ブルーナ	ディック・ブルーナ	講談社

2．のりもの

絵本名	文	絵	出版社
①がたんごとんがたんごとん	安西水丸	安西水丸	福音館書店
②のせてのせて	松谷みよ子	東光寺啓	童心社
③しゅっぱつしんこう	渡辺茂男	山本忠敬	福音館書店
④ふね	バイロン・バートン	バイロン・バートン	金の星社
⑤のりものあれあれえほん	石川重遠	石川重遠	文化出版局
⑥のってのって	くろいけん	くろいけん	あかね書房
⑦くるまはいくつ？	渡辺茂男	堀内誠一	福音館書店

3．せいかつ

a．おはよう／おやすみ

絵本名	文	絵	出版社
①おはよう	なかがわりえこ	やまわきゆりこ	グランまま社
②こぐまちゃんおやすみ	わかやまけん	わかやまけん	こぐま社
③おやすみなさいコッコさん	片山　健	片山　健	福音館書店
④おやすみなさいのほん	M・W・ブラウン	S・シャロー	福音館書店

⑤もうねんね	松谷みよ子	瀬川康男	童心社
b．たべもの			
①くだもの	平山和子	平山和子	福音館書店
②しろくまちゃんのほっとけーき	わかやまけん	わかやまけん	こぐま社
③りんご	松野正子	鎌田暢子	童心社
④さかなってなにさ	せなけいこ	せなけいこ	金の星社
⑤いちご	平山和子	平山和子	福音館書店
⑥やさい	平山和子	平山和子	福音館書店
c．おふろ			
①おふろだ　おふろ	わたなべしげお	おおともやすおみ	福音館書店
②おふろでちゃぷちゃぷ	松谷みよ子	岩崎ちひろ	童心社
③そら　はだかんぼ！	五味太郎	五味太郎	偕成社
④おふろでもういーかい	ささきようこ	ささきようこ	ポプラ社
d．あそび			
①いないいないばあ	松谷みよ子	瀬川康男	童心社
②いたいのいたいのとんでいけ	平出　衛	平出　衛	福音館書店
③きいろいのはちょうちょ	五味太郎	五味太郎	偕成社
④ほっぺほっぺほっぺ	うちだりんたろう	ながのひでこ	童心社
⑤おとうさんあそび	わたなべしげお	おおともやすお	福音館書店
⑥でんぐりでんぐり	黒井　健	黒井　健	あかね書房
⑦ぴよ　ぴよ　ぴよ	平野　剛	平野　剛	福音館書店
⑧こぐまちゃんのみずあそび	わかやまけん	わかやまけん	こぐま社
⑨あめぽったん	ひろかわさえこ	ひろかわさえこ	アリス館
⑩ぼくおうちをつくるんだ	わたなべしげお	おおともやすお	福音館書店
e．いろ・かたち			
①たべたのだあれ	五味太郎	五味太郎	文化出版局
②きんぎょがにげた	五味太郎	五味太郎	偕成社
③あおいふうせん	ミック・インクペン	ミック・インクペン	小学館
④くまさんくまさんなにみてるの？	エリック・カール	エリック・カール	偕成社
⑤まる　しかく　さんかく	ディック・ブルーナ	ディック・ブルーナ	福音館書店

f．せいかつ

①いやだいやだ	せなけいこ	せなけいこ	福音館書店
②おててがでたよ	林　明子	林　明子	福音館書店
③どうすればいいのかな	わたなべしげお	おおともやすお	福音館書店
④くつくつあるけ	林　明子	林　明子	福音館書店
⑤あいさつ	尾崎真吾	尾崎真吾	ひかりのくに
⑥クリスマスおめでとう	ひぐちみちこ	ひぐちみちこ	こぐま社
⑦しっこっこ	和歌山静子	和歌山静子	偕成社
⑧はみがきあそび	きむらゆういち	きむらゆういち	偕成社
⑨なかよしだから	そうまこうへい	そうまこうへい	佼成出版
⑩もしもしおでんわ	松谷みよ子	いわさきちひろ	童心社
⑪ゆきのひのうさこちゃん	ディック・ブルーナ	ディック・ブルーナ	福音館書店

4．うたあそび

①あそびましょ	松谷みよ子	丸木　俊	偕成社
②えんやらりんごの木	松谷みよ子	遠藤てるよ	偕成社
③おおさむこさむ	松谷みよ子	遠藤てるよ	偕成社
④さよならさんかく またきてしかく	松谷みよ子	上野紀子	偕成社
⑤ぬっくりもっくり いくうちに	今井和子	宮沢靖子	アリス館

5．むかしむかし

①おおきなかぶ	ロシア民話	佐藤忠良	福音館書店
②だんごろころ	松谷みよ子	和歌山静子	童心社
③おんぶおばけ	松谷みよ子	ひらやまえいぞう	童心社
④にんじんさんが あかいわけ	松谷みよ子	ひらやまえいぞう	童心社
⑤やまんじいとたろう	松谷みよ子	西山三郎	童心社
⑥おとうふさんと こんにゃくさん	松谷みよ子	にしまさかやこ	童心社

6．その他

①とこちゃんはどこ	松岡享子	加古里子	福音館書店
②とりかえっこ	さとうわきこ	二俣英五郎	ポプラ社

③あいうえおばけだぞ	五味太郎	五味太郎	絵本社
④きょうのおべんとうなんだろう	きしだえりこ	やまわきゆりこ	福音館書店

幼児絵本

1. 物 語

絵 本 名	文	絵	出 版 社
1.あおくんときいろちゃん	L・レオニ	L・レオニ	福音館書店
2.あさえとちいさいいもうと	筒井頼子	林 明子	福音館書店
3.あしなが	あきやまただし	あきやまただし	講談社
4.あなたってほんとうにしあわせね	C・アンホールト	C・アンホールト	童話館
5.あのときすきになったのよ	薫くみこ	飯野和好	教育画劇
6.アンジュール		G・バンサン	ブックローン出版
7.アンナの赤いオーバー	H・ジーフェルト	A・ローベル	評論社
8.いたずらきかんしゃちゅうちゅう	V・バートン	V・バートン	福音館書店
9.いつかはきっと	S・ゾロトウ	A・ローベル	ほるぷ出版
10.いろいろへんないろのはじまり	A・ローベル	A・ローベル	冨山房
11.うみキリン	あきやまただし	あきやまただし	金の星社
12.海は広いねおじいちゃん	五味太郎	五味太郎	絵本館
13.うみべのハリー	J・ジオン	M・グレアム	福音館書店
14.うんがにおちたうし	P・クラシロフスキー	P・スパイアー	ポプラ社
15.おおきくなるっていうことは	中川ひろたか	村上康成	童心社
16.おかえし	村山桂子	織茂恭子	福音館書店
17.おじいちゃん	M・ジェリー他		春秋社
18.おじいちゃんのまち	野村たかあき	野村たかあき	講談社
19.おじさんのかさ	佐野洋子	佐野洋子	銀河社
20.おしゃべりなたまごやき	寺村輝夫	長 新太	福音館書店
21.おにたのぼうし	あまんきみこ	いわさきちひろ	ポプラ社

22. おばあちゃん	大森真貴乃	大森真貴乃	ほるぷ出版
23. おばあちゃん	谷川俊太郎	三輪滋	ばるん舎
24. おばけのバーバパパ	アネット・チゾン	アネット・チゾン	偕成社
25. おやすみなさいフランシス	R・ホーバン	G・ウイリアムズ	福音館書店
26. おふろだいすき	松岡享子	林明子	福音館書店
27. かいじゅうたちのいるところ	M・センダック	M・センダック	冨山房
28. かさ	太田大八	太田大八	文研出版
29. がたごとがたごと	内田麟太郎	西村繁男	童心社
30. かさどろぼう	S・ウェッタシンハ	S・ウェッタシンハ	ベネッセコーポレーション
31. かぜひきたまご	舟崎克彦	杉浦範茂	講談社
32. 学校やすんでとうさんと	梅田俊作／桂子	梅田俊作／桂子	岩崎書店
33. がまんだがまんだうんちっち	梅田俊作他	梅田俊作他	岩崎書店
34. 紙ぶくろの王女さま	R・マンチ	M・マーチェンコ	河合楽器製作所
35. かもさんおとおり	R・マックロスキー	R・マックロスキー	福音館書店
36. がいこつさん	五味太郎	五味太郎	文化出版局
37. かわいそうなぞう	土屋由岐雄	武部本一郎	金の星社
38. きっとみんなよろこぶよ	P・スピアー	P・スピアー	評論社
39. きつね森の山男	馬場のぼる	馬場のぼる	こぐま社
40. きみなんかだいきらい	J・アドリー	M・センダック	冨山房
41. きゅうりさんととまとさんとたまごさん	松谷みよ子	ひらやまえいぞう	童心社
42. ぎょうざつくったの	きむらよしお	きむらよしお	福音館書店
43. きょだいなきょだいな	長谷川摂子	ふりやなな	福音館書店
44. くまのコールテンくん	D・フリーマン	D・フリーマン	偕成社
45. ぐりとぐら	なかがわりえこ	おおむらゆりこ	福音館書店
46. ぐるんぱのようちえん	西内みなみ	堀内誠一	福音館書店
47. げんきなマドレーヌ	L・ベーメルマンス	L・ベーメルマンス	福音館書店
48. こぎつねコンとこだぬきポン	松野正子	二俣英五郎	童心社
49. こすずめのぼうけん	R・エインワース	堀内誠一	福音館書店

50.ごちゃまぜカメレオン	E・カール	E・カール	ほるぷ出版
51.コッコさんのともだち	片山　健	片山　健	福音館書店
52.子猫の気持は？	森津和嘉子	森津和嘉子	文渓堂
53.このゆきだるまだーれ？	岸田衿子	山脇百合子	福音館書店
54.ごめんなさいフェリオさん	J・ファルタード	F・ジョー	ブックローン出版
55.コロちゃんはどこ	E・ヒル	E・ヒル	評論社
56.ごんぎつね	新美南吉	かすや昌宏	あすなろ書房
57.こんにちはあかぎつね	E・カール	E・カール	偕成社
58.こんこんさまにさしあげそうろう	森　はな	梶山俊夫	ＰＨＰ研究所
59.こんとあき	林　明子	林　明子	福音館書店
60.さっちゃんのまほうのて	田端誠一他	田端誠一他	偕成社
61.さむがりやのサンタ	R・ブリッグス	R・ブリッグス	福音館書店
62.サンタクロースってほんとうにいるの	てるおかいつこ	すぎうらはんも	福音館書店
63.ジオジオのかんむり	岸田衿子	中谷千代子	福音館書店
64.じごくのそうべい	桂　米朝	たじまゆきひこ	童心社
65.じてんしゃにのるひとまねこざる	H・A・レイ	H・A・レイ	岩波書店
66.しばてん	田島征三	田島征三	偕成社
67.島ひきおに	山下明生	梶山俊夫	偕成社
68.しまふくろうのみずうみ	手島圭三郎	手島圭三郎	福武書店
69.11ぴきのねこ	馬場のぼる	馬場のぼる	こぐま社
70.しょうぼうじどうしゃじぷた	渡辺茂男	山本忠敬	福音館書店
71.しろいうさぎとくろいうさぎ	G・ウイリアムズ	G・ウイリアムズ	福音館書店
72.ジャイアントにきをつけろ！	E・カール	E・カール	偕成社
73.14ひきのひっこし	いわむらかずお	いわむらかずお	童心社
74.しんせつなともだち	方　軼羣	村上知義	福音館書店
75.すいかのたね	さとうわきこ	さとうわきこ	福音館書店
76.スイミー	L・レオニ	L・レオニ	好学社
77.すうすうすう	佐野洋子	広瀬　滋	リブロポート

78.すてきな三にんぐみ	T・アンゲラー	T・アンゲラー	偕成社
79.世界でいちばんやかましい音	B・エルキン	太田大八	こぐま社
80.せんたくかあちゃん	さとうわきこ	さとうわきこ	福音館書店
81.ぞうくんねずみくん	森山　京	梶山俊夫	小峰書店
82.そしたら　そしたら	谷川俊太郎	柚木沙弥郎	福音館書店
83.だいふくもち	田島征三	田島征三	福音館書店
84.だっこしていいこいいこ	J・バートン	P・ルート	評論社
85.だってだってのおばあさん	さのようこ	さのようこ	フレーベル館
86.だるまちゃんとてんぐちゃん	加古里子	加古里子	福音館書店
87.ちいさいおうち	V・バートン	V・バートン	岩波書店
88.ちいさいしょうぼうじどうしゃ	L・レンスキー	L・レンスキー	福音館書店
89.ちいさなきいろいかさ	もりひさし	にしまきかやこ	金の星社
90.ちょっと　まって	岸田今日子	佐野洋子	福音館書店
91.つきのぼうや	I・S・オルセン	I・S・オルセン	福音館書店
92.ティッチ	P・ハッチスン	P・ハッチスン	福音館書店
93.てぶくろをかいに	新美南吉	若山　憲	ポプラ社
94.でんしゃにのって	とよたかずひこ	とよたかずひこ	アリス館
95.とにかくさけんでにげるんだ	B・ボガホールド	河原まり子	岩崎書店
96.どれくらいおおきいかっていうとね	舟崎靖子	にしかわおさむ	偕成社
97.ともだちや	内田麟太郎	降矢なな	偕成社
98.どろんここぶた	A・ローベル	A・ローベル	文化出版局
99.どろんこハリー	J・ジオン	M・グレアム	福音館書店
100.ないたあかおに	はまだひろすけ	いけだたつお	偕成社
101.にんげんごっこ	木村裕一	長　新人	講談社
102.ねえ、どれがいい？	J・バーニンガム	J・バーニンガム	評論社
103.ねずみくんのチョッキ	なかえよしお	上野紀子	ポプラ社
104.ばけくらべ	松谷みよ子	瀬川康男	福音館書店
105.はじめてのおつかい	筒井頼子	林　明子	福音館書店
106.はじめてのおるすばん	しみずみちお	山本まつ子	岩崎書店

107.	はたらきものの じょせつしゃけいてぃー	V・バートン	V・バートン	福音館書店
108.	八　郎	斎藤隆介	滝平二郎	福音館書店
109.	はなをくんくん	R・クラウス	M・サイモント	福音館書店
110.	はなをほじほじ いいきもち	D・フリッシュ	D・フリッシュ	偕成社
111.	花さき山	斎藤隆介	滝平二郎	岩崎書店
112.	パパお月さまとって	E・カール	E・カール	偕成社
113.	バムとケロの さむいあさ	島田ゆか	島田ゆか	文渓堂
114.	番ねずみのヤカちゃん	R・ウイルバー	大社玲子	福音館書店
115.	ピーターのいす	E・キーツ	E・キーツ	偕成社
116.	100万回生きたねこ	佐野洋子	佐野洋子	講談社
117.	ふくろうくん	A・ローベル	A・ローベル	文化出版局
118.	ふたりはともだち	A・ローベル	A・ローベル	文化出版局
119.	ペレのあたらしいふく	R・ホーバン	R・ホーバン	福音館書店
120.	へそもち	渡辺茂男	赤羽末吉	福音館書店
121.	ぼくにげちゃうよ	M・ブラウン	M・ブラウン	ほるぷ出版
122.	ぼくのいぬが まいごです	E・キーツ他	E・キーツ他	徳間書店
123.	ぼくのおなかが しろいわけ	熊田　勇	熊田　勇	講談社
124.	ぼくのクレヨン	長　新太	長　新太	銀河社
125.	ぼくんちどうぶつえん	正道かほる	大島妙子	童心社
126.	星のふる夜に	千住　博	千住　博	冨山房
127.	ボタンのくに	なかむらしげお	にしまきかやこ	こぐま社
128.	ほらいしころが おっこちたよね、わすれよう	田島征三	田島征三	偕成社
129.	ぽとんぽとんは なんのおと	神沢利子	平山英三	福音館書店
130.	まっくろネリノ	H・ガルラー	H・ガルラー	偕成社
131.	みずまき	木葉井悦子	木葉井悦子	講談社
132.	道草いっぱい	八島太郎	八島太郎	創風社
133.	めっきらもっきら どおんどん	長谷川摂子	ふりやなな	福音館書店

134. もぐらとずぼん	E・ペチシカ	Z・ミレル	福音館書店
135. もっちゃうもっちゃうもうもっちゃう	土屋富士夫	土屋富士夫	徳間書店
136. もりのなか	M・エッツ	M・エッツ	福音館書店
137. やさしいあくま	なかむらみつる	なかむらみつる	幻冬社
138. やさしいライオン	やなせたかし	やなせたかし	フレーベル館
139. ゆかいなかえる	J・キープス	J・キープス	福音館書店
140. ゆき	Y・シュルビッツ	Y・シュルビッツ	あすなろ書房
141. ゆきのひ	E・キーツ	E・キーツ	偕成社
142. ゆきごんのおくりもの	長崎源之助	岩崎ちひろ	新日本出版社
143. ゆめどろぼう	みやざきひろかず	みやざきひろかず	PHP研究所
144. よあけ	Y・ジュルヴィッツ	Y・ジュルヴィッツ	福音館書店
145. よるのびょういん	谷川俊太郎	長野重一	福音館書店
146. ラブ・ユー・フォーエバー	R・マンチ	梅田俊作	岩崎書店
147. りんごがひとつ	ふくだすぐる	ふくだすぐる	岩崎書店
148. ろくべえかってろよ	灰谷健太郎	長 新太	文研出版
149. わすれられないおくりもの	S・バーレン	S・バーレン	評論社
150. わたしが母さんなら	S・ゾロトウ	H・ナイト	童話屋
151. わたしのワンピース	西巻茅子	西巻茅子	こぐま社

2. 童話

絵本名	文	絵	出版社
1. 赤ずきん	グリム	バーナテッド・ワッツ	岩波書店
2. イソポカムイ	四宅ヤエ	藤村久和	ベネッセコーポレーション
3. いっすんぼうし	石井桃子	秋野不矩	福音館書店
4. いばらひめ	グリム	エロール・カイン	ほるぷ出版
5. おおかみと七ひきのこやぎ	グリム	フェリックス・ホフマン	福音館書店
6. おとなしいめんどり	ポール・ガルトン	ポール・ガルトン	童話館出版
7. おにのよめさん	岸なみ	福田庄助	偕成社
8. かさじぞう	瀬田貞二	赤羽末吉	福音館書店
9. かさじぞう	織田道代	木葉井悦子	すずき出版

10.かちかちやま	まつたにみよこ	せがわやすお	ポプラ社
11.ききみみずきん	木下順二	初山　滋	岩波書店
12.きたかぜとたいよう	イソップ	バーナテッド・ワッツ	西村書店
13.金の鳥	内田莉莎子	シェイマ・ソイダン	ベネッセコーポレーション
14.こぶじいさま	松居　直	赤羽末吉	福音館書店
15.こぶとり	大川悦生	大田耕士	ポプラ社
16.3びきのくま	トルストイ	バスネツォフ	福音館書店
17.三びきのこぶた	イギリス昔話	山田三郎	福音館書店
18.三びきのやぎのがらがらどん	北欧民話	マーシャ・ブラウン	福音館書店
19.さんまいのおふだ	水沢謙一	梶山俊夫	福音館書店
20.スーホの白い馬	大塚勇三	赤羽末吉	福音館書店
21.だいくとおにろく	松居　直	赤羽末吉	福音館書店
22.たなばた	君島久子	初山　滋	福音館書店
23.ちからたろう	いまえよしとも	たしませいぞう	ポプラ社
24.つるにょうぼう	矢川澄子	赤羽末吉	福音館書店
25.てぶくろ	ウクライナ民話	エウゲーニ·M·ラチョフ	福音館書店
26.天の火をぬすんだうさぎ	J・トゥロートン	J・トゥロートン	福音館書店
27.なんてこったい	ノルウェーの民話	山内清子	ベネッセコーポレーション
28.ねむりひめ	グリム	フェリックス・ホフマン	福音館書店
29.はなさかじい	よしざわかずお	さくらいまこと	ポプラ社
30.バーバ・ヤガー	アーネスト・スモール	ブレア・レント	童話館出版
31.ふしぎなたいこ	石井桃子	清水　崑	岩波書店
32.ふるやのもり	瀬田貞二	田島征三	福音館書店
33.ブレーメンのおんがく隊	グリム	ハンス・フィッシャー	福音館書店
34.ほしになったりゅうのきば	君島久子	赤羽末吉	福音館書店
35.ホンギルドン	ホンヨンウ	ホンヨンウ	朝鮮青年社
36.マブウとたいよう	L・ゲルティンガー	三浦幸子	ベネッセコーポレーション
37.まほうのおなべ	ポール・ガルトン	ポール・ガルトン	岩崎書店
38.ももたろう	松居　直	赤羽末吉	福音館書店
39.やまんばのにしき	松谷みよ子	瀬川康男	ポプラ社

40.レイバン	ジェラルド・マクダーモット	ジェラルド・マクダーモット	童話館出版	

3. 科学知識

1.おなら	長　新太	長　新太	福音館書店
2.アバディのパン	木葉井悦子	木葉井悦子	ほるぷ出版
3.うみでみつけた いろいろなかたち	S・マクドナルド	S・マクドナルド	冨山房
4.エリセラさんご	木水桂子	和田　誠	リブロポート
5.おおきなきがほしい	さとうさとる	村上　勉	偕成社
6.恐竜のなぞ	アリキ	ブランデンバーグ・アリキ	リブリオ出版
7.ことばのこばこ	和田　誠	和田　誠	瑞雲舎
8.こどもとみる せかいのびじゅつ	アンドレ・デュエ社編		福音館書店
9.こまった鳥の木	スーザン・メドー	スーザン・メドー	あすなろ書房
10.こんにちはあかぎつね！	エリック・カール	エリック・カール	偕成社
11.ずーとずっと だいすきだよ	H・ウイルヘルム	H・ウイルヘルム	評論社
12.せかいのひとびと	ピーター・ピアス	ピーター・ピアス	評論社
13.ど・ど・ど・ど・ど	赤坂三好	赤坂三好	金の星社
14.どうぶつなんでも世界一	アネット・ディゾン	タラス・テイラー	評論社
15.夏の虫夏の花	奥本大三郎	高橋　清	福音館書店
16.はははのはなし	加古里子	加古里子	福音館書店
17.ひがんばな	甲斐信枝	甲斐信枝	福音館書店
18.ぶたたぬききつねねこ	馬場のぼる	馬場のぼる	こぐま社
19.ほね	堀内誠一	堀内誠一	福音館書店
20.ぼくうまれるよ！	駒形克己	駒形克己	ワンストローク
21.ぼくはぞうだ	五味太郎	五味太郎	福音館書店
22.ぼくの庭ができた	ゲルタ・ミュラー	ルタ・ミュラー	文化出版
23.みんなうんち	五味太郎	五味太郎	福音館書店
24.めのまどあけろ	谷川俊太郎	長　新太	福音館書店
25.やさいのおなか	きうちかつ	きうちかつ	福音館書店
26.ゆきとトナカイ	B・ハグリング	B・ハグリング	ベネッセコーポレーション
27.わたし	谷川俊太郎	長　新太	福音館書店
28.わたしたちのドビアス	セシリア・スベトベリ		偕成社

Ⅱ　実践編　第2章　絵本

4. 幼年童話

1.エルマーのぼうけん	R・S・ガネット	R・S・ガネット	福音館書店
2.おしいれのぼうけん	古田足日	田畑精一	童心社
3.おばあさんの飛行機	佐藤さとる	村上　勉	偕成社
4.くまの子ウーフ	神沢利子	井上洋介	ポプラ社
5.ジンゴ・シャンゴの冒険旅行	シド・フライシュマン	佐竹美保	あかね書房
6.つみつみニャー	長　新太	長　新太	あかね書房
7.ドロロンがいこちゃん	名木田恵子	南家こうじ	ＰＨＰ研究所
8.ポリーとはらぺこオオカミ	キャサン・ストーン		岩波書店
9.ももいろのきりん	中川李枝子	中川宗弥	福音館書店
10.もりのおいしゃさん	村上桂子	なかのひろたか	あかね書房

3 絵本の指導

　子どもに絵本を利用させるには、いろいろと細かい配慮が必要ですが、注意を与え口やかましくするのではなく、楽しい雰囲気の中で、喜んで絵本に接する環境を設定することが大切です。

　その一つとして、保育室に「絵本コーナー」を設けてみましょう。その場所に行くと、いつも自分の好きな絵本があるという安心感が絵本好きにつながります。

●絵本コーナーを工夫している園が多くなっています。
①部屋のコーナーを利用
　畳やジュウタン、牛乳パックの椅子などを配置して、落着く空間を作る。間仕切りも利用する。
②廊下の一角を利用
　廊下を広い空間にして、図書コーナーを設定する。
③図書室を設置
　絵本の与え方を研究している施設では、新築の際、特別に遊戯室の一角や、二階に部屋を作っている。

●書架については、絵本は一般の物より薄いものが多いのと年齢が低いと表紙で選ぶことが多いので、パンフレットボックス形式をとると良い。(状差し式)

手作りの物を工夫する。
【例】壁面を利用した物・箱利用など

●子どもの絵本の取り扱い方
絵本を大切にする習慣を
つけるための留意点
①つばをつけてページを
　めくらない。
②直射日光の下で読まない。
③適当な明るさの所で読む。
④本の上で物を食べたり、
　物をおいたりしない。
⑤本を丸めたり、
　折り曲げたりしない。
⑥本を投げたり、
　上に乗ったりしない。
⑦読んだ後はきちんと片付ける。
⑧本の角で机などたたいたりしない。

4 読み聞かせする時の留意点

●場面設定
①子どもたちが安定して絵本が見られるように、保育室か図書室を利用する。

②4・5歳児は、椅子を扇形か車座に並べて見やすいようにする。

2・3歳児は、畳・床・カーペットに座り解放された気分の中で見る。子どもと向かい合って椅子に腰をおろし、ゆったりした気持ちで読み聞かせる。

0・1歳児は、だっこか少人数で個別対応する。

③保育者が1冊をもって子どもに見せる場合は、20名くらいが限度でこれ以上になると無理が生じる。

※絵本は、1対1で目から30ｃｍぐらい離して読むように作られている。

④採光に注意する。保育者（絵本）に光があたる・逆光になって子どもや保育者の表情が見えにくくならないようにする。

保育者が立っている背後にも注意する。（子どもの注目をひく物が雑然とあると集中できない）

⑤時々気分を変えて、戸外の日影で、子どもたちを自由に座らせての読み聞かせも楽しい経験になる。

● 留意点

①読み聞かせに選んだ絵本は十分読みこなしておく

②絵本に開きぐせをつけておく（スムーズにページめくりをするため・安定させるため）

③絵本の持ち方

本の手前を3～4本指で押さえ背後は親指で固定して支える。

座ったときは、ひざを利用して安定させる。

④ページのめくり方

本の下部に指をかけるようにして、画面を腕で隠さない。

めくるタイミングに気を付ける。（内容に合わせる）

本の開きで右持ち・左持ちなど。

⑤余韻を楽しむ

読み終えた後に「〇〇はどうだった？」などの質問攻めは避けるようにする。

⑥絵本の雰囲気をつかみ、心を込めて読む

紙芝居のように音声を変えて演じなくてよい。ゆっくり・明瞭・アクセントやイントネーションに配慮しながら読み進める。

読み聞かせは、保育者の肉声がベストである。声の出し方・速度・間などに

注意する。

　読み聞かせ（ストーリーテリング）の技術について、ルース・ソーヤは『ストーリーテラーの道』（日本図書館協会）で次のように秘訣を述べているので紹介する。

　か細い声・音域の正しくない声・のどから出しているような息の支えの無い声・単調な声・良く通らない声・疲れると弱って震える声・高すぎる声・のどから声を出すのではなく、正しい呼吸法を身につけ、自分の声をコントロールできるようになるには、知性と訓練が必要です。一般に女性の声は高すぎる。話すときの声は少し音程をさげても良い。このような声が出るようになるには、一日15分〜20分ぐらい、声を出して小説などを表現しながら読む「表現読み」を実行すると良い。自己訓練すると声がスムーズにでるようになる。

5　一読総合法による読み聞かせ

　一読総合法とは、国語教育学者・大久保忠利氏が提唱する集団の場での読み聞かせ方法の一つです。
①題名読み…………表紙の絵を見ながら、題を声に出して読んで、予想・想像されることを考えさせ、ことばで表現させる。（期待を持たせる）
②表象化と具体化…イメージを浮かばせ自分のことばで言わせる。

③予想意見出し……今後の話の展開を予想させて話し合い、新たな感動を起こさせる。
④感想意見出し……保育者と子ども・子どもと子どものかかわりをもつ。
⑤立ち止まり………事前に立ち止まり個所を決め発問を与える。話の流れを壊さない程度にする。
⑥話し合い…………読み終えたら、みんなで感想を話し合う。自分の感じ方や他の人との違いに気付くことができる。「おもしろかった」だけでもよい。

6　絵本を通して

①子どもと共通の話題をもち、話が発展していく。
②子どもの心を大切に受容する。
③自分の読み聞かせを通して、発問の仕方の難しさに気付く。
④どの場面で何を知らせたいのか、絵本を分析して十分把握しておくことの重要性を知る。
※読み聞かせに使った本は、3冊ぐらいは絵本コーナーにそろえておく。子どもが見たいときに、いつでも手に触れることができるようにしておく。
※保育園では昼寝の前、幼稚園では降園前に集まった時を利用して読んであげると、絵本に触れる機会が多くなる。子どもが「これ読んで」と要求してきたら「聞きたい人集まれ」で、読んであげる。
※絵本を子どもに読み与えることは、丁寧な読みもよいが、多ければ多いほどよいという考え方もある。毎日、最低でも1冊は必ず読み、1ヵ月に1回は「一読総合法」を入れていきたい。

第3章　紙芝居

1　紙芝居の歴史的変遷

　紙芝居の歴史は古く、絵による噺(はなし)として伝えられていました。操り人形とともに中古時代以前から、宗教に利用されていたと言われています。

　江戸時代の写し絵から転化した立絵芝居が改良されたもので、1枚1枚抜いて話を進行させていく平絵式のものを指します。

　明治時代になると、学校の掛図に連続物が現れたり、一時紙芝居の傾向がのぞきからくりに移りました。後に童話が盛んになるにしたがって、大正・昭和と児童の文化教育についての理解が深まり、絵話と称して絵画を動的に取り扱う方法を考え出しました。

　当時の紙芝居は立絵を使用していましたが、昭和5年ごろから現在の紙芝居のように、絵画を使用するようになりました。

　その後、この絵画を使った紙芝居は、児童への教育効果が大きいとして、その普及を目的とした日本画劇教育協会が設立されて、学校関係者や一般社会に対する宣伝活動が行なわれましたが、なかなか理解を得ることが出来ず、街頭紙芝居は、非教育的なものとして、子どもに見ないように禁止令を出す学校が多くあったほどでした。しかし、学校から帰った子どもたちは、紙芝居の拍子木の音を聞いてわれ先にと集まったものでした。

　どうしてそれほど人気があったのでしょう。それは、紙芝居が、子どもたちに夢を与えて、精神的喜びを与えたからです。学校側の考え方は、紙芝居のもつ魅力や効用を研究せず、ただその業者を非難することが多かったようです。

　筆者も、この拍子木の音に誘われた一人です。決まった曜日に、自転車で来る紙芝居屋のおじさんの顔を、今でも懐かしく思い出します。雑誌も少なく、娯楽のなかった時代の子どもの楽しみでした。（紙芝居の内容を覚えています

が、飴やせんべいにつけたソースの味の方が印象に残っています)

　現在では、紙芝居は視聴覚教育上大きな価値があることを認められ、教材として教育の現場に普及し、絵本と同じに利用度が高く重要な役割を果たしています。

2 紙芝居の特性

　紙芝居は絵本と同じように、絵と文によって構成されている点は共通していますが、大きな違いがあります。絵本は個人で楽しむように作られていますが、紙芝居は演じる人がいて成立し、集団で共通体験できます。

　絵本は、状況や登場人物の内面など、絵によって表現され読み取る面白さがあります。紙芝居は、物語の展開によって絵は変化します。絵には特徴があり、遠目が利くように単純化し、強調されて描かれています。登場人物のセリフと行動によって物語が明解に進められ、観客にとっては、ドラマを見るような楽しみがあります。

　テレビやビデオの場合は、子どもに一方的に働きかけますが、紙芝居では、演じ手と子どもたちの間に相互交流が成立します。演じ手は子どもの反応を見ながら、理解し易いようにゆっくり話したり、補足説明を加えたり、問いかけたりして子どもたちが積極的に参加する状況を作ることができます。

　紙芝居の特性をまとめると次のようになります。
①見てすぐ分かり、絵と絵を結びつけて物語として生かせる。
②子どもの想像や思考に即したテンポ(間)で展開することができる。
③絵の差し替えによって、物語を動的で劇的にする。
④集団で紙芝居を見ることによって、共通の話題を養うことができる。
⑤保育者と子どもの人間関係が深まる。
⑥保育者の演じ方によって、子どもの期待や創造力を育む。
⑦子どもたちの自分たちでやってみよう、作ってみようという表現力・創造力
　を刺激する。
⑧取り扱い方が簡単で、教材準備も容易である。

⑨表の絵と、裏の文でできているので技術的にも比較的容易にだれにでも口演できる。
⑩子どもの好む紙芝居を、繰り返し演じることができる。

3 紙芝居の構成

　手作り教材が盛んになっています。子どもは、紙芝居を見る楽しさを知ると、今度は自分たちで作品を作って楽しみたくなります。保育者による手作りは、教材用として作られ、子どもの紙芝居は教育の成果として表現されます。グループ単位や、子どもと保育者の共同製作もあります。

　紙芝居の構成について知っておくと簡単に製作でき、まとまったものが仕上がります。幼児向けの紙芝居の標準枚数は12枚です。作品によっては8枚（年齢の低い1歳〜3歳ぐらいまで）〜24枚（12枚を前編・後編にする）など様々です。

　標準的な12枚紙芝居構成を、浅場氏は「幼児教育の理解と実践・言語」（幼少年教育研究所編）で次のように図解しています。

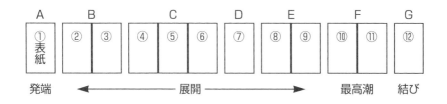

①描く枚数は12枚ですが、描き分ける場面はＡＢＣＤＥＦＧの7場面であって、ＢＣＥＦは同一場面を2枚ないし3枚に描いてある。
②ＡＤＧは1枚ずつで、Ａは物語の"発端"の説明。Ｄは"展開の解説"　Ｇは物語の終結の"結び"である。これは映画的手法や演劇的手法によく似ている。
③ＢＣＥＦのように連続画のところは、同一場面を2枚から3枚に描いて、動きを表現できるようになっている。

④画面は見る側からは、右から左へと進行する。絵の動きも原則的に進行と同じにする。
⑤画面の大きさは、次の2通りある。
・普通サイズ………縦26ｃｍ・横36ｃｍ
・ワイドサイズ……縦26ｃｍ・横52ｃｍ
園に用意されている舞台の大きさにも配慮する必要がある。子どもの人数や用途に応じて改良されている。
⑥市販の紙芝居を数多く活用しているが、それらの中には，ＣＤやＭＤがついて販売されているものもある。テレビやビデオと違って紙芝居は、保育者と子どもとの直接的な交流に意味があるので、保育者自身の肉声で行うようにする。

4 紙芝居の選択

幼児向けの良い紙芝居の条件として、次の点が目安としてあげられます。
①幼児の発達段階に適しているもの。
②幼児に興味と理解を与えるもの。
③指導性のあるもの。
④脚本がしっかりしているもの。
⑤絵が美しく内容をよく表しているもの。
⑥絵の描き方や色彩が脚本に合っているもの。
⑦説明が子どもに分かることばで書いてあるもの。
⑧絵を全部並べてみて考察すること。
⑨使用する目的に対して内容が適切なもの。
⑩話が分かりやすく、すぐ理解できるもの。

よい紙芝居を選択するのには、よい絵本と同じように、子どもたちが何回も見たがる作品が目安となります。子どもの反応を見ながら、好評なものを保育者間で紹介しあったり、研究する機会を持って選んでいくことが大切です。

いつ・どこでも・だれでも簡単に実演できるという便利さから、時間つなぎ

として安易に使われがちです。季節・行事・生活指導に関するものに偏ることなく、楽しい物語・感動的な物語など、カリキュラムにきちんと組み入れることが望まれます。

　演じた紙芝居については、子どもたちの反応などを記録しておいて、次年度の参考にするようにしましょう。

5　効果的な演じ方

●事前の準備
①必ず下読みをする。

　描かれている絵をよく見る。次を立てて読んでは表の絵が見えないので、机の上に絵画面を向けて重ね、一番下の一枚を取り出して裏返し、文章面にして左側（保育者）に並べる。左手で左へ抜き裏返して今読んだ文章面に重ねる。これが演じているのと同じ状態で、絵を見ながら練習できる。

②物語をよく読み、内容を十分理解しておく。

　実際に演じてみて、抜き方や読み方など演出方法を研究する。作品のテーマ・物語の展開・登場人物の性格などについて把握し、演出ノートを参考に、語り口・テンポ・抜き方などを工夫する。鏡の前で最終チェックをするとよい。

③紙芝居が順番通りにそろっているかを確認する。

●舞台設定
①紙芝居の舞台を必ず使用するようにする。舞台に入れることで、現実でないドラマが始まり、画面が引き締まる。手持ちではできない画面効果がある。

（舞台の袖で、不用な物が見えなくなるなど）

舞台を使わないと手で持つことになるが、手で作品が隠れたりして子どもたちが隠れた部分に興味を示したりすることがある。

②舞台は教卓の上に安定させる。

教卓の上で安定させないと揺れてしまい、集中して鑑賞しにくくなる。

③子どもたちに光線が当たらないところに置く。

④舞台の位置

　　高さ　→　最前列に座った子の頭より20〜30cm高め

　　距離　→　1〜1.3m以上離して座らせる（無理のない姿勢）

●演じ手の位置

演じ手は子どもたちから見て舞台の左横、やや後ろに立つ。舞台の後に隠れてしまうと、子どもの表情を観察したり対話しにくくなるし、声もさえぎられる。（応答性を持つ）

●幕紙を作る

包装紙・和紙を貼って作る。いろいろ作っておき、作品に合わせて使う。

●演じ方

①裏面の説明文を暗記しなくてもよい。画面を抜いたら左手に持つことによって、絵画面と文章面とを交互に見ながら演じ、抜き終わった場面から順次手元に持ってくる。

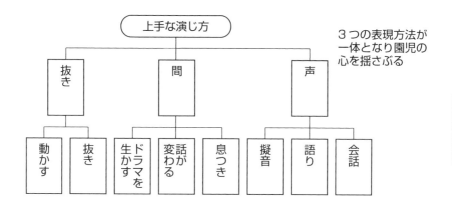

3つの表現方法が一体となり園児の心を揺さぶる

<声>

作品にはいろいろな人物が出てくる。大人・子ども・動物・鬼・怒っている・喜んでいると様々である。作品の中の人物が、どんな気持ちで話しているか。どんなことが起こっているか。園児に伝える・表現するのが声である。

【例】

強	中	弱
緩 (象)	中 (ウサギ)	早 (ねずみ)
低 (男性)	中	高 (女性)
暗 (老人)	中	明 (子ども)

<間>

反応を見ながら、情感の余韻を残すようにする。

＊息つき…話の途中で息切れしないように、区切りのよいところで早めに息をつく。

＊話が変わる…場面転換の間なので、3秒くらい空ける。

＊ドラマを生かす…何か起こりそうと期待させる。「そのとき」「すると」が入っている。

<抜き>演出的効果

＊抜く…ふつう・はやく・ゆっくり・さっと（一瞬に）・途中まで抜いて止める。（1枚で2枚分の効果をねらう）

止めたい所に線をひいておく。
三角線が狭くなったら止める。

＊動かす…歩く⇒上下／スキップ⇒上下左右／雨⇒パタパタ／風⇒回す・八の字を書くようになど。

6 まとめ

以上の技法を、一つずつマスターしていくようにしましょう。

まず、繰り返し練習するのも大切です。練習を重ねることにより、次第に独自の作品の選び方、生かし方が身に付きます。

教えよう・演じてあげているという意識や、必要以上に面白がらせようと思っての、くすぐり意識は禁物です。素直に演じることを優先したいものです。

登場人物の心の動きが、演じ手の保育者の心の中に眠っている感情を揺り動かしてくれます。

子ども・大人どちらにも、紙芝居は豊かな情感を培う文化財ですので、大いに活用してください。

7 その他の紙芝居

①折り紙シアター…藤原邦恭氏が2000年に考案した、折り紙で演じる不思議な紙芝居。基本となるのは、長方形の紙を折って広げたり・たたんだりしながら昔話やオリジナルのストーリーを展開していく。折り方を工夫することにより、思いがけない効果が得られ、子どもたちに好評である。

②めくり絵…………絵ばなしに属する。模造紙などの大きな紙に物語の主人公などを描いておく。

③まきとり絵………右から左へと巻きながら進行させる。連続性と人物の向きに気をつけて製作する。
④立体紙芝居………人物や背景の一部が立体的に作られているものをいう。

第4章 ペープサート

　ペープサートは、和製英語（Paper Puppet Theatre）が縮まった造語と言われています。柄のついた紙の表裏に絵を描いた物を操作する棒人形劇です。江戸時代の写し絵から発達した立絵紙芝居が、昭和20年ごろ、ペープサートとして教育の現場に採用されたのが始まりとされています。
　絵人形を使い、前後・上下・左右に操作して話を進めて行きます。単純な動きですが、表裏の絵を生かし、一瞬で絵人形が変身したり、場面転換ができる長所があります。
　ペープサート用舞台（絵人形を立てる）を使用すれば、一人で演じることも可能です。

1 特　徴

①絵人形を使用する。
②左右上下に操作する。
③裏表で絵人形に変化が生じる。
④一人で演じやすい。

2 作り方

①B5ぐらいの大きさの画用紙に原則として、横向き、斜め横向きの人形を描く。
②絵を切り落とさないように注意しながら、周囲を切り落とす。
③表裏が同じ形になるように、下書きの時にトレーシングペーパーを使用する。
④遠くからも見えるように、黒くふちどりをする。
⑤竹串・割箸を紙の間にはさんでのり付けする。
⑥バックは白地が多い。

3 演じ方

①舞台の高さ…………子どもの目線の高さを考えて、見やすい高さにする。
②舞台の位置…………テーブルに舞台をのせる時、手前に絵人形を置くスペースをとっておく。
③絵人形の順番………お話に合わせて、登場する順番にそろえておく。
④舞台の使い方………子どもたちから見て、右側が上手・左側が下手になる。絵人形を登場させたり、退場させたりする場合は、原則として舞台の端から端まで使う。
⑤絵人形の動かし方…会話をする時は、話す人形だけ動かす。一まとまりの語句ごとに、人形を軽く前に傾けるように動かす。
⑥絵人形は垂直に立てる。絵の方を子どもたちの方に向ける。
⑦絵人形を変化（転画）させる時は、素早く行う。

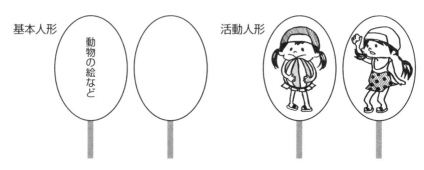

折り紙の動物や野菜を利用してペープサートを作り、手軽に演じる方法もあります。子どもも、このペープサートは遊びながら折ったものに竹串・割箸をつけ、簡単に作ることができますし、できたもので自由に思ったままに表現して遊びます。

第5章 パネルシアター

世界で最初に、不織布(ふしょくふ)を使ったパネルシアターを考え出したのは、古宇田亮順(こうたりょうじゅん)氏とする説、アメリカの宣教師が布教の教具として使用したのが始まりとする説などがあります。なお、不織布とは織っていない布のことで、編物でもなく紙・フィルムでもないものです。

パネルシアターは別名フランネルシアター・フランネルグラフ・フランネル絵とも呼ばれ、保育の場でもよく用いられています。

貼り絵形式の人形劇で、フランネル布などの毛羽立ちを利用し、フィギュア(絵人形)をネルの張ってあるボードに貼り付けたり取ったりしてお話を展開していきます。

不織布でフィギュアが考案されてから、保育に生かされるようになりました。

1 特徴

①設定が簡単にできる。
②子どもたちを見ながら、一人で演じることができる。
③フィギュアが平面的なため、動きが制約されるので、お話の補助的な手段と

考える。

2 作り方

①基本パネル

材料 ボード（ベニヤ・スチロールパネル等）80cm×110cm
白地のフランネル 90cm×120cm ガムテープ ボンド

作り方

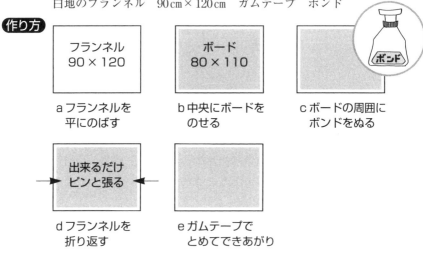

a フランネルを平にのばす
b 中央にボードをのせる
c ボードの周囲にボンドをぬる
d フランネルを折り返す
e ガムテープでとめてできあがり

2歳ぐらいまでは、手持ちパネルのほうが演じやすい。

②絵人形の作り方

材料 不織布（三菱MBSティック130番か180番）
ポスターカラー 油性マジック ハサミ フランネル 糸 針 カッターナイフ

作り方

a 下絵を描く
b 不織布に写す
c 着色する
d ふちどりする
e 切り取る（細かい部分は余白残して切り取る）

3 演じ方

①表情豊かに演じる。保育者の優しい笑顔は、子どもたちの心を安定させ、パネルシアターの世界に引き込んでくれる。
②子どもの反応を確かめながら演じる。保育者と子どもとパネルの一体感が大切である。
③演じる人は原則的にパネルに向かって右に立つ。右手が自由に使えて良い。左利きの人は左に立つ。(その際、フィギュアの向きや話の展開の方向に留意する)
④絵人形を張る位置を考える。白い四角パネルに張る位置によって、イメージすることが随分変わってくる。
⑤絵人形をはがすタイミングを考える。見ている子どもの心に残るように、ゆっくりはずす。
⑥心の交流を心がける。テクニックを見せるのではなく、一つ一つの作品に願いを込めて演じる。

＜パネル舞台・設置の仕方＞
①パネルの傾斜が必要である。(絵人形が落ちにくくなる)
②パネルの裏に絵人形を置くスペースをとる。(子どもから見えない位置がよい)
③舞台の前を1mくらいあけておく。(演じるとき前に出るときもある)
④子どもの目線の高さを考える。(幼児用の机の上に作った舞台の時は、子どもは床に座る。キャンパス使用の時は椅子でよい)
⑤光線を意識する。(パネル面が明るいほうが見やすい)
⑥ブラックボードを使用する時は、その効果を生かした内容にする。

第6章 エプロンシアター

　エプロンシアターは、中谷真弓氏が1979年に考案しました。
　胸当て式のエプロンのポケットから人形を取り出して演じます。その人形を、エプロンに付けたり、外したり、またポケットに戻したりしながらお話を進めます。
　舞台は演じ手の体に付いたエプロンなので、簡単に出し入れや移動が可能で、体全体で表情豊かに演じることができる人形劇です。

1 特　徴

①子どもとのふれあいの中から生まれた保育教材です。（社会教育や学校教育にも活用されている）
②胸当て式のエプロンに、面ファスナー（マジックテープ）を縫い付け、ポケットから人形を登場させて演じる。
③魔法のエプロンで、楽しい世界を子どもと共有できる。
④一人で演じる人形劇で、子どもの反応に合わせて演じることができる。（年齢・その日の状況に応じて、お話を構成できる）
⑤気軽にお話の世界に入れるので、年齢を問わずに楽しめる。
⑥大好きな保育者がつけているエプロンが舞台なので、保育者そのものが物語になっている。

2 演じ方

①事前の準備をきちんとする。
　演じ手が一人でナレーターから登場人物すべてを演じるので、フィギュアはセットしておく。
②エプロンは、少し胸高で脇の紐(ひも)はゆるめに締める。
③人形の扱いに気を付ける。
　人形を持ったらすぐ顔をあげる。人形は観客によく見えるようにする。園児が多いときは、左右を向いて丁寧に伝える。
④登場人物になりきって演じる。
　必要な動作は表情豊かに大きく演じるが、無駄な動作はしない。フィギュアと演じ手が向き合わない。
⑤ポイントを押えてストーリーを展開する。
　台本の丸暗記でなくて良い。園児の反応を受止めるように演じる。
⑥歌や振りは正しく覚え、楽しく表現する。
⑦年齢に合った話し方を工夫する。

第7章 人形劇

子どもは人形が好きで、友だちがいないとすぐ人形に話しかけたりします。子どもにとって人形は生きた友だちで、自分を慰めてくれる存在です。

人形作りを始めると、本当に気に入るように工夫したり、作り直したりして心をこめて仕上げ、自分で作った人形を通して自己表現します。子どもは、人形劇を見るだけでなく、演じることも好みます。

1 人形劇の歴史的変遷

人形劇の起源は明らかではありませんが、わが国では紙芝居より古く、平安時代に傀儡師(くぐつし)によって演じられたと言われています。昔は宗教的行事と関連して発生しました。

東北地方は、「オシラサマ」というケヤキに布を巻いたご神体が人形劇に近いものでした。江戸時代になると人形浄瑠璃へと変化したと言われています。

1920年代に、マリオネットが試演されたのをきっかけに、手使い人形が教育の現場にも使われるようになりました。

子どもは人形に愛着を持っていることは先にも述べましたが、紙芝居の平面的な活動に比べて、立体的な人形劇には大変興味を示します。

2 人形劇の分類

人形劇は指人形劇（ギニョール）とあやつり人形劇（マリオネット）の2つに大別されますが、最近は様々な人形が工夫されています。

①手使い人形…………人形を内側から直接手で操作する。
②棒使い人形…………棒や針金を使って操作する。
③あやつり人形………糸をたらして上から操作する。
④かかえづかい人形…人形を抱えて操作する。（膝の上に乗せる・首から下げるなど）
⑤影絵人形……………人形に光をあてスクリーンに影を映し出して演じる。
⑥指人形………………一本の指にはめて動かす。
⑦棒人形………………一本の棒のような構造を持つ棒人形で、しゃもじ人形・切抜き人形のようなものをさす。
⑧置き人形……………テーブルの上に人形を置いて演じる。（身近にあるぬいぐるみ・積み木などで即興的に演じる）
⑨その他………………手のひら人形・すね人形・野菜人形・封筒人形・紙コップ人形・ワラで作る人形・竹人形・木片人形・紙人形など

※保育の場で使われることが多いのは、棒人形と手使い人形です。

3 手使い人形劇の作り方

①人形の頭……………ウレタン・スチロール球・紙粘土。
②顔……………………目鼻立ちをはっきりさせ、遠くからわかるようにする。個性に合わせて誇張して作る。
④小道具………………人形相互の調和を考慮して、実際の割合よりもあるものは大きく、または小さく作る。
⑤舞台装置……………必要最小限にする。

4 舞台設定

人形を操作する人が隠れる「けこみ」が必要。（ない時は、スタンドに黒い布

をかけて代用します）

5　演じ方

①人形操作の仕方……立ちづかいと座りづかいがあります。立ちづかいの方が、無理なく自由にテンポよく人形を動かすことができ演じやすい。
②人形の姿勢…………肘(ひじ)から先の腕が床に垂直になるようにする。手首を少し前に傾ける姿勢が基本となる。
③セリフと動作………セリフだけが先行せず、人形の目線に注意して一つひとつの動きをきちんと表す。ひとまとまりの語句ごとに動きをつける。聞いている人形はやたら動かさない。動作と動作が反応しあうように演技する。
④舞台の使い方………舞台のそでから登場する時は、途中から出ない。（退場も同じ）けこみから奥へ行くほど、人形を高くして演じる。舞台の端から端まで使う。奥行きも活用する。

6　人形劇の指導

①保育の中に取り入れる人形劇は、本格的なものではなく、気軽に保育者が子どもに見せるか、子どもたちが簡単に演じられるものを選択する。
②子どもが興味を持つ人形をいくつか用意しておき、人形への愛着を育てるようにする。
③演じてみたい、という意欲を育てるような指導をすることが大切である。
④4歳児は見たり聞いたりしたものを、数人の友だちとことばを自由につけて演じさせてみる。
⑤5歳児は、簡単な筋書きのものを選んで演じさせたり、自分たちで話を作って演じて遊ばせる。

⑥子どもたちが創作した話は、行事などで演ずることにより、言語指導や創造性を養う指導に役立つ。
⑦保育の目的に応じて、人形の種類を選び、適切に与えるようにする。

7 保育者が演じることの意義

　自分の一番好きな先生、自分が心から信じている先生、自分が愛している先生が演じることは、子どもの心に感動と共鳴を与えます。
　先生たちは子どもの幸せを祈る心で"上手にしよう"ではなく"一生懸命"に語りかけましょう。

第8章 わらべ歌遊び

　わらべ歌とは、子どもが遊びながら歌う、昔から伝えられ歌い継がれてきた歌です。「わざうた」が「わらべうた」という言い方になったとも言われています。
　どこの民族のわらべ歌も、肉声から生まれ、魂に届く歌がわらべ歌です。何か動きを体得するために、歌に助けられ、遊んでいる気分でいつの間にかできるようになる。その手助けになっています。
　昔からある、「田植え歌」「船引歌」などもその一種で、共同で仕事をするときに歌いながら行うので、苦痛なく仕事ができました。
　絵かき歌、数え歌、遊び歌、2人組で遊ぶ手遊び歌、手鞠歌などもわらべ歌の仲間に入ります。

わらべ歌には、素朴な子どもの集団から生まれた詩や語りかけがあり、日本語の持つアクセント・イントネーション・リズムなど、独特の旋律がともなっています。

　大人がわらべ歌や、子守唄、遊ばせ歌など体に触れて歌い、唱える時、乳幼児にとって、心地よい日本語のリズムとして受け入れられ、日本語を自然体で獲得して行く働きがあります。そのことが「わらべ歌はことばの離乳食である」と言われる理由です。

1　わらべ歌の特性

①わらべ歌は、日本の民衆の中から生まれ育った伝承音楽である。
②ことば・旋律（単旋律）・リズムが一致している音楽である。
③歌の旋律とことばが一体化している。
④ことばの抑揚を踏んだ節である。
⑤モチーフのつながりに無理がない。
⑥音の要素が自然な形で歌いこまれている。
⑦旋律にファとシの半音進行がない。
⑧音の跳躍が少ないので、すぐ覚えて歌える。
ラソ（レド）・ラソミ（レドラ）・シラソ（ミレド）・シラソミ（ミレドラ）・レシラソ（ソミレドラ）…5音階構成
⑨歌と遊びが一体になっている。2拍子・4拍子を主とした動きは、心臓の鼓動のような自然のリズムに添っている。
⑩子どもが、遊びの中でつぶやくでたらめ歌の元になる。（思いつくままに唱える歌）
⑪楽器が不要なので、いつどこでもできる。
⑫幼児の集団形成の発達に即している。（1対1・1対数人・少人数、一人の歌をお互いが聞き合える）
⑬子どもの遊び・動きなどに合わせて、保育者は創造的に詩・曲・遊びを組み合わせることができる。

2 乳幼児期のわらべ歌事例

①0歳児とわらべ歌…その時の状況に合わせて共感しながら遊ぶ。
　保育者は、少し高めの明るい声・ゆっくりテンポ・優しい表情で臨機応変に歌う。
【事例】
● 5ヵ月児
　まだ1日のほとんどを寝転んで生活しているので、寝ている顔にハンカチ（布）で「上から下から大風こい。こいこいこい」上下に扇ぐ。嬉しそうに笑ったら、「いないいないばあ」と顔を隠したり出したりして、一番関心のある顔遊びに発展させる。
● 7ヵ月児
　座って遊べるようになったら、膝に乗せて「この子どこの子カッチンコ」と少し揺する。
● 10ヵ月児
　喃語を言いながら手を振る遊びが多くなったら、「ちょちちょちあわわ　かいぐりかいぐりとっとのめ　おつむてんてん　はらぽんぽん」と保育者がしぐさをして見せる。
●オムツを換える時の歌
　「おむつをかえるといいきもち　いいきもち」きれいになったことを一緒に喜ぶことばかけをする。
●ご飯を食べる時の歌
　「ご飯を食べて大きくなるよ　ニンジン食べて元気になるよ」いろいろな食べ物を入れる。
●午睡の時の歌
　「かぜさんねんね　ことりもねんね　はっぱもねんね　○○ちゃんもねんね」
●起床の歌
　「おはよう　りすさん　おはよう　○○ちゃん」
●顔あそび　（家族のやさしさが、歌にのって心地よく染み込んでくる。先祖や子孫までの命の連続を秘めて歌っている）

「ここはとうちゃんにんどころ　ここはかあちゃんにんどころ　ここはじいちゃんにんどころ　ここはばあちゃんにんどころ　ここはねえちゃんにんどころ　だいどだいど　こちょちょ」

②1歳児とわらべ歌…好きな所や、歌える所だけ模倣しながら繰り返して遊び自分から楽しむ。

【事例】

●おはじきなどを手に持ちあてっこ遊び

「どっちの手にもってるか」

●膝に乗せトントンリズムを取りながら、ふれあい遊び

「うまはとしとし　ないても強い　うまは強いから〇〇さんも強い」

●ぬいぐるみに食べさせたり、寝かしたりして遊んでいる時

「こりゃ　どこのじぞうさん　うみのはたの　じぞうさん　うみにつけてどぼん」

●「こちらを向いて」という代わりに「〇〇さん」と呼ぶと「はあい」と同じリズムで返してくれる。

③2歳児のわらべ歌

保育者と一緒にしたわらべ歌を思い出して一人あそびをしたり、友だちとしたりする。

【事例】

●ことばの繰返しを楽しむ

「おっとどっこい　ちゅうがえり　チュウチュウねずみの　ちゅうがえり　あわてちゃいけない　ちゅうがえり」

●子どもの動きを、歌のマジックで遊びながら滑らかにしてくれる

「イモムシゴロゴロ、ひょうたんぽっくりこ」

●保育者や友だちと一緒にジャンケンあそび

「お寺の和尚さんがかぼちゃの種をまきました　めがでてふくらんで　はながさいたら　ジャンケンポン」これは、年齢に応じて、長いバージョンもあります。

●お帰りのあいさつ

「さよならあんころもち　またきなこ」

※保育者自身が感動に浸ると、乳幼児も大人の感情をキャッチする。
④3歳以上になると、集団性・ルール性も出てきてよりわらべ歌に取り組みやすくなります。わらべ歌は地方によって異なるので、施設の中では子どもが混乱しないように統一しましょう。

【事例】
- 鬼きめ遊び…「せんべいやけたかな」「たけっぽふしなし」
- 人当て遊び…「かごめかごめ」「ぼうさんぼうさん」
- 隊伍を組んでの遊び…「花いちもんめ」「今年のぼたん」「あぶく立った」など
- やりとりあそび…Aさん「お茶を飲みに来てください」Bさん「ハイこんにちは」Bさん「いろいろお世話になりました」Aさん「はい　さようなら」この役割を交代する。「お茶」を別な物にする。

※保育者が、多くのわらべ歌あそびを習得し、子どもを温かく受け止め共感する心をもって、子どもに自由に遊ばせながら、その場のその子どもにふさわしい課題を含んだわらべ歌遊びを楽しませる。

第9章　テレビ

　ここでは、視聴覚機器の代表的な存在のテレビ放送を中心に考えてみましょう。

　テレビの弊害については長い間にわたって問題視された歴史があります。しかし、保育の一部としてテレビは欠かせない存在になっています。正しい利用法を学んで、効果的な教育をしたいものです。

　テレビによる保育は、放送を通して直接的に働きかける特色があります。テ

レビによる保育の特色を見てみましょう。

1 テレビの特性

1) 色彩、スピード感のある総合的な映像である。
2) 集中しやすく、印象深い。
3) 「教育要領」に準じて作られている。
4) 年間を通してまとまりがある。
5) 画像を通して多くの経験ができる。
6) 再放送が用意されている。
7) 放送時間が決まっていて、全国どこでも見られる。
8) 録画により都合のよいときに見せられる。

2 テレビの効果

1) 語彙を豊かにする。
2) 思考力や創造力を育てる。
3) 情操を豊かにする。
4) 社会性がある。
5) 正しい共通語が身に付く。

3 テレビの限界

1) 放送時間に制約される。
2) 事前の検討がしにくい。
3) 瞬間的である。
4) 放送局から一方的に伝えられるだけである。

5) 個人差、地域差に対応しにくい。
6) 直接的で想像力が付きにくい。

4 テレビの利用

1) 事前の指導

　テレビを効果的に利用するためには、事前にその番組のねらいや性格について研究し、テレビに左右されないように配慮することが大切です。

　テレビを置く高さは、子どもたちの目よりやや高めにし、全員がよく見えるように配慮します。

　さらに、保育室の採光にも留意し、快晴の日などはカーテンで光線をさえぎるとより美しい画像になります。

　子どもへの事前指導の必要性については賛否両論がありますが、ある程度は必要だと思います。（過度の事前指導は逆効果になります）

　ただ、シリーズとしての番組を見ている場合は、簡単に済ませましょう。楽しく見られるように、題名・ねらい・見どころだけは伝えたいものです。

　注意したいのは、保育者による必要以上の事前指導です。し過ぎると、見ようという意欲はもちろん楽しさも半減してしまう可能性があります。必要最低限の事前指導に心がけましょう。

2) 放送中

　放送中は静かに、できる限り集中して見せるようにしましょう。保育者と子どもが一緒に番組を見て、ともに驚き、笑い、感動することが大切です。保育者が歩き回ったり、保育室から出たりすることは禁物です。

　助言は、必要なときにポイントだけを押さえましょう。助言が多すぎると、子どもの思考は混乱し教育的でなくなります。

　番組に対する子どもたちの反応をしっかり観察・メモして、事後の指導に役立てるとよいでしょう。

3) 事後の指導

　番組終了後の保育者の発言は、なるべく控えましょう。子どもの反応や感想

を優先させ、「〇〇は、どう思った？」など、番組を分析した質問は楽しさを半減させてしまいます。

逆に、子どもが内容を誤解している場合などは、適切な助言が必要になります。さらに、次回の視聴意欲を持たせるような助言は加えましょう。

5　ビデオ

ビデオを利用すると、放送時間に左右されないというメリットがあります。シリーズで見ている番組が放送される日、遠足と重なった場合などに録画して、後日、見せるとよいでしょう。

既製の名作物などの鑑賞も時にはよいと思いますが、使いすぎないように注意するべきです。

6　DVD

市販のDVDにも様々のソフトがありますので、インターネットで調べてみるとよいでしょう。

最近では「DVD版絵本」が注目されています。これは絵本の原画にナレーションが入り、ページをめくるように画面が進んでいきます。本を見ている感覚で想像力や集中力が養われます。

今後、DVDによる教材は増えると予想されますので、検討する姿勢だけは持ち続けて欲しいと思います。

7　ラジオ

昔はラジオがメディアの主流の地位にありましたが、最近では存在感が次第に薄れてきたことは確かです。学生のみなさんの中には、真剣にラジオを聞い

た経験がない人もいるかも知れません。

　しかし、ラジオには映像にない魅力があります。音だけの世界ですので、集中力が養われます。静かによく聞く訓練になり、よい習慣が身に付きます。これはお話の読み聞かせに通じます。

　番組を聴取することで、読み聞かせと同じようにイメージをふくらませたり、想像力を豊かにするなど新しい発見をすると思います。

　ラジオというメディアは古いかも知れませんが、古いなりに「ぬくもり」など多くの魅力を秘めています。一度、保育に取り入れてみてください。

第10章　劇遊び

　ほとんどの園が保育内容の一つとして劇遊びを取り入れています。劇遊びは、ことばの獲得はもちろんのこと、思考力、想像力、協調性の養成などあらゆる面で幼児期には必要な遊びです。

　ごっこ遊びを通しての劇遊びと、今までの1章から9章までのすべてを踏まえ、日常繰り広げている遊びを、総合的に捉えた活動としての劇遊びがあります。

　一年間のまとめとして、2期（11月〜12月）・3期（卒園前）の時期に発表会を実施するところがほとんどです。その内容は、見せるためのものではなく、一年間を通しての自分たちの成長を見てもらう手段としての発表会で、子どもたちが作り上げるものです。

1　劇遊びの流れと教育的意義

　幼児の「劇遊び」を大別すると、二つの流れが考えられます。

1　大人の演劇形態を取り入れた、小学校の児童劇をそのまま幼児に当てはめたもの。広いステージを使って、華やかな衣装を着け、クラス全員の子どもが出演するもので「演劇形態的児童劇」という。幼児の劇あそびとして、保育の中で展開していくには問題点が出てくる。

①消極的受け身的活動…保育者の指示に従い、セリフを覚えさせて演技をする。

②保育者に都合のよい方法…決まりにしたがって行動したり、静かに待つなど。

③見せる劇…クラス全員で劇を演じて見せるため、覚えのよい目立つ子を中心にした配役になりがち。

2　もう一つは、子どもが自主的に取り組んで行く活動で、見せるものではなく、子どもにとっては、遊び・生活そのものであるととらえる劇遊びで、この活動には次のような教育的意義がある。

①日常生活が高まる。

②成長して欲しい力が育つ。

③人とのかかわり方が身につく。

④主体的・自主的に活動する。

⑤創造力がつく。

　今まで身についたことを総合的に活用し、目的を持ち仲間と協力する力を育てる教育的手段として、劇遊びがあります。

＜課題点＞

　保育者主導型の劇づくりが今もって多い傾向にある。保育現場での劇遊びをどうとらえるかが問題で、発表会向けの見せるための劇遊びではなく、子ども

の発達・個性を伸ばすための劇遊びが望ましい。

　一朝一夕に子どもたちが作り上げる劇遊びになるのではなく、基本的生活習慣の自立・遊び・集団遊びなど高めていき、最終的に課題のある活動に取り込んでいけるようにするべきである。（年サイクル・月サイクルも考える）

2　年齢別劇遊び

1　3歳児の役割遊び

　3歳児の中心的活動は、役あそび・世話あそびで、自分が大人にしてもらったことを再現するなど、日常的に年齢の発達に応じた役割遊びが行われていることが、劇あそびを構築する基盤となっています。こうした役割遊びは「テーマがある」「役を演じる」「仲間とかかわる」といった点で、劇遊びと共通する点があります。

【例】食べさせる・お医者さんごっこ・途中で役割も変化する。参加・抜けるも自由で、自由な仲間関係や社会性を身につけている。

●3歳児は基本的に劇の形をとらず、役遊びから役割遊びに移行させて十分に遊ぶことができればよい。あえて劇化にするならば、取り上げる絵本を吟味する。

●選択の留意点

①単純明解…場面転換がほとんどない。
②繰り返しの楽しさ…会話やリズム。
③登場人物の自由化…数・出てくる人・動物など自由にできる。
④応用性のある内容…変化させてもストーリーに支障がない。
⑤イメージしやすい…生活実感があるとよい。
⑥あそびからの発展…日常のあそびから子どもと一緒につくる。

【例】おおきなかぶ
　　　てぶくろ
　　　3びきのやぎのがらがらどん
　　　ばばばあちゃんのスイカのたね

【事例】
「ばばばあちゃんのスイカのたね」
◆2・3歳児　男7名　女5名
◆展開の経過
・4月　「ばばばあちゃんシリーズ」を好んで見ている。
・6月　上記絵本を好むので、畑にスイカの苗を植える。
・7月　スイカ割りをする（数日前から、スイカの絵本を見て、ナイロン袋でスイカを作り、スイカ割りごっこをする）
・7月　食べて飛ばした種から芽が出た。
・8月　畑に植えたスイカを収穫してまたスイカ割りをする。
・10月　7月に芽が出たスイカを収穫して食べる。
　　　　「ばばばあちゃんのスイカのたね」のことばのやり取りを楽しむ。
　　　　登場する動物を自由に選び、交替でことばのやりとりをして遊ぶ。
・11月　スイカ以外の小道具を、一緒に作る。
　　　　動物のお面／スコップ／おばあちゃんの家／草／スイカ／
　　　　自分のなりたい役を決める。

ばばばあちゃん：甘い甘いスイカになあれ、おいしいおいしいスイカになあれ。
うさぎ：おや？ばばばあちゃん、何かいいもの隠したな。よし、ほってみよう。
ＢＧＭ
うさぎ：なんだつまらない、ただのスイカの種だ。元通りに埋めておこう。
スイカの種：ブルブルブル
ＢＧＭ
最後は
ばばばあちゃん：おや？キツネ君何かいいもの隠したな。よし、ほってみよう。
ＢＧＭ
ばばばあちゃん：なんだつまらない、ただのスイカの種じゃないか。そういえば私のまいたスイカの種だ。
スイカの種：つまらないとは失礼な。もう芽を出すのはやめたやめた。
ばばばあちゃん：芽を出さないで、何時までもぐずぐずしてるからだよ。

スイカの種：もう怒った。ぷんぷんぷん

BGM

怒った拍子に芽が出てスイカになる。登場した動物みんなでスイカを食べる。

BGMに合わせてダンスを踊って終わる。

※子どもが考えた動物が登場し、各自が表現したい会話にする。

BGMや、掘る時の歌は保育者が作詞作曲する。

スイカの種になりたい子どもがいたことから、種と動物のことばのやりとりを楽しむ。

【反省】

- 大好きな絵本を、劇遊びに脚色したのと、実体験や遊びを通してのごっこ遊びからの発展なので、無理なく発表会にもっていけた。
- 3歳児を中心に、自分たちで作れる物は準備した。(家の色染め／草の色紙貼り／スイカ作りなど) 自分たちで作ったので大切にしたし、総合的な活動となった。
- 発表会当日は、恥ずかしがって小さな声になってしまった子がいた。でも、歌に合わせる部分から自分らしさを出せた。歌が入るのは、気持ちをリラックスさせる。
- 繰り返しの楽しさが年齢に合っていて、「おもしろかった」「もっとやりたい」と発表会後も全部の役を交代して楽しんであそんでいた。
- 道具の出し入れや、場所の設定も毎回自分たちで決め、遊びが継続した。

2 4歳児の劇ごっこ

4歳児は、役割が意識され、かかわりをもって遊ぶようになります。経験したことや、楽しかった話などから、役割をイメージし、自分の受け持った役を

忠実に表現しようとします。

　そんな中で、イメージの違いや役を譲らないといったことで、トラブルも発生します。保育者は、子どもたちの間で起こる問題解決の考え方の方向性を教えたり、働きかけを積み重ねたりして解決に導いていきましょう。

●劇を作り上げる時の留意点
①同じパターンの繰り返しがある。
②会話がリズミカルで楽しめる。
③場面の転換がほとんどないもの。
④登場人物が増えても減ってもよいもの。
⑤物語を付け加えたり発展させたりできるもの。
⑥子どもの生活実感からイメージしやすいもの。
⑦日常の遊びの積み重ねが反映されるもの。
⑧身体による表現によって、より具体的に実態に迫り、確かな認識が深められるもの。
⑨劇の中での時間と場が限定されやすく、共通のイメージがもてるもの。

【事例】「さんびきのやぎのがらがらどん」

◆4歳児　男5名　女10名
◆展開の経過
・足の弱いクラスなので、4月当初より、毎日散歩を実施し足を鍛える。
・川に架かっている橋を見て「トロルの橋」と名前をつけ、散歩に行くたび「だれだ？　俺様の橋をカタカタトントン渡る奴は？」「ちいさいヤギのがらがらどんです」
「お前を食べちゃうぞ」
「食べないで食べないで。後から、ずっと大きいヤギがくるから」
「それなら食べるのは我慢してやる」
と、毎日のように橋の上でやり取りを楽しんだ後、劇ごっこに展開した。
・発表会は、変化をつけるために、オペレッタにした。

【反省】
・毎日継続した遊びなので、子どもたちは、橋の他に滑り台・平均台などでも同様の遊びを繰り返していた。さらに、ジャンケン鬼ごっこ遊びに発展した。

・ことばのやりとりやストーリーが十分理解できているので、役になりきって表現した。
・保育者の構想を中心に、後は子どもたちの発想と表現は自由にしていくことで、自己表現が思う存分できた。

❸ 5歳児の劇遊び

5歳児は、遊びの仕組みがかなり複雑になってくるが、因果関係を理解しているので、遊びが簡単に崩壊・分裂することはありません。核を持った役割遊びが組織的な遊び・テーマに添ってそれぞれが役割を果たしながら、つながりを持って遊ぶなどができます。

劇遊びを進めるにあたっても、ほとんどの問題は自分たちで話し合って解決できるようになっています。また、それぞれの力量に応じた参加が認め合えるなどの基礎を、それまでに積み上げておきましょう。

●劇遊びの役割

①脚本づくり…グループで話し合って脚本作りをする。
②台本づくり…脚本を元に、セリフ・装置・小道具・などグループで進める。
③小道具・背景づくり…劇に必要な物は、子どもたちの中から出てくることもあるが、保育者の方から助言をして気づかせていく。
④劇の練習…子ども同士意見を出し合って、友だちの動きを評価したりする。保育者は、意欲がわくような肯定的な評価をタイミングよくする。
⑤劇を見せる…自分たちで案内を作る。本来幼児の劇は、見せるために作られる物ではないことを前提に取り組むが、劇が完成して、みんなに見てもらいたい時は、発表会の案内も自分たちで作る。

【事例】「ひろしまのぴか」

◆5歳児　男11名　女10名
◆展開の経過
　終戦60年なので、テーマを「平和」として1年間の保育を展開していく。
・8月6日に「ひろしまのぴか」、15日の終戦記念日に「かわいそうなぞう」「ちいちゃんの影おくり」などを見る。
・それぞれのグループで、場面ごとの脚本を作る。
・脚本をもとに台本を作る。

- 何度も話し合い、絵本の内容が伝わるようなセリフを考える。
- 舞台装置、背景、小道具、登場人物の動きを話し合う。
- 必要な物を製作する。(昔の家並み・たんす・机・川・原爆ドーム・燈籠(とうろう)・昔の衣装)
- 劇の練習をする。セリフと身体表現を一つひとつ丁寧に子どもと一緒に進行させながら確認していく。
- 全体練習して、流れがスムーズに行かないところを相談して直す。

- 動きが少ないことを感じた子どもがいて、同一のテーマで作られた「千羽鶴」のダンスを女児が踊ることになる。
- 「鶴」の衣装を考案する。
- 園のみんなの前で発表して意見をもらう。
- 家の人に見てもらう準備をする。発表会の案内状を作る。
- 発表会を実施。
- 発表会後の自分たちの意見を発表しあう。

【反省】

- 3場面を、7名ずつのグループで責任をもって作り上げ、最終的には全員で修正した。動きがなく、ことばで説得していく劇あそびで内容も暗い物であったが、絵本の内容を理解して、テーマである「平和」という内容に近づけたと思う。
- 途中で、女児が祈りのダンスを踊ることになった。保育者は、当初よりあらゆる方向性を考慮し、音楽を準備していたので、すぐ対応できた。
- 役柄になりきって演じることで、家の人に見てほしい・見せたいという気持

ちが高まった。それにともない、見せるからには本物に近づけようと、図鑑で昔の服装や建築物を調べたりした。

※劇遊びで大切なことは、表現活動を通して感じること・発見すること・想像の世界を広げること・表現する楽しさを知ること・友だちとの関わりをもつことなどです。

適切な環境と助言を提示し、表現力を高め、創造的な態度を育てて行くことが、劇あそびを取り上げる根本的ねらいです。

III

資料編

この「資料編」は、「言葉」を学ぶ上で必要と思われる資料を収録しました。
　「演習問題」は就職試験対策も兼ねていますので、一度は挑戦してみてください。「保育用語集」は基本的な用語を集めましたので、しっかり覚えてほしいと思います。
　最後の関係法規も大切です。よく読んで、その内容をよく理解してください。

 演習問題

| 1 | 領域「言葉」は次の4項目に要約されるが、各項にふさわしい文を下から選んで記号で答えよ。 |

(1)　人のことばや話などを聞いて分かるようになる。　　　（　　）
(2)　経験したことや自分の思うことなどを話すことができるようになる。
　　　　　　　　　　　　　　　　　　　　　　　　　　　（　　）
(3)　日常に必要なことばが正しく使えるようになる。　　　（　　）
(4)　絵本、紙芝居に親しみ、想像力を豊かにする。　　　　（　　）

ア　先生や友だちに親しみを持って話す。
イ　簡単な伝言をする。
ウ　簡単な指示に従って行動する。
エ　身近な事象の名前が言える。
オ　絵本、紙芝居、放送などを喜んで見たり聞いたりする。
カ　人の話を注意して聞く。
キ　簡単な日常のあいさつができる。
ク　見たこと、聞いたこと、感じたことなどを紙芝居や劇あそびなどで表現する。
ケ　したいこと、してほしいことをことばで表現する。
コ　先生や友だちの話を親しみを持って聞く。

2 次の（　）の中に、下の①〜⑨の中から適当なものを選び、その番号を書きなさい。

どもるとは、発声と呼吸の調節がよくないため、話のリズムが乱れ、発音がとぎれ、または最初に出した音を(a　)するものである。2歳半ごろの(b　)と、6歳ごろの(c　)に始まり、(d　)に比較的多い。周期性があったり、場面によって変化する。原因には遺伝、模倣、恐怖、劣等感、(e　)などいろいろあるが、その指導は、発音の練習、呼吸の(f　)とリズムの(g　)、運動や集団的な言語活動による(h　)などが有効である。

① 習得　② 緊張　③ 反復　④ 調整　⑤ 言語習得期　⑥ 情緒の安定
⑦ 男子　⑧ 女子　⑨ 読み書きの習得期

3 子どもに童話を読み聞かせる姿勢として、正しいものに○をつけよ。

(　)(1) 読み終えた後で子どもの理解度をテストして、反省の材料にする。
(　)(2) 読み終えた後は、あまり質問をしない方がよい。
(　)(3) 内容は、子どもにとって教訓的なものを選ぶべきである。
(　)(4) 擬声語、擬音語などを適当に取り入れるとよい。
(　)(5) 同じ童話は繰り返さず、たえず新しい話を聞かせるようにする。
(　)(6) 子どもの気が散らないように、保育者の顔は見えない方が好ましい。
(　)(7) 悲惨な内容はなるべく避けるようにする。
(　)(8) 話の長さは、子どもの状態に応じて加減する。
(　)(9) 話の全体にリズム感を持たせるとよい。
(　)(10) 子どもが話に興味を示さないときは、省略したり改作するとよい。

4　子どもの話し合いの指導で、正しいものに○をつけよ。

(　) (1) ことばの発達には個人差があるので、遅れている子どもには強制的に話させなくてよい。
(　) (2) 保育者は指導的立場にあるので、子どもの話を先取りしていくことが必要である。
(　) (3) 幼児音が残っている子どもには適切な指導をする。
(　) (4) 話し合いするときは、相手の顔を見て話すように指導する。
(　) (5) 子どもの話はわき道にそれやすいが、喜んで話しているならそのままでよい。

5　就学前における「文字指導」について、正しいものに○をつけよ。

(　) (1) 小学校入学までに、ひらがなの読み書きは必ず教えなければならない。
(　) (2) 子どもの求めに応じて文字を教えてよい。
(　) (3) 「ことば遊び」の中で、文字は教えてよい。
(　) (4) ドリルやワークブックを使った文字指導は必要である。
(　) (5) 文字に興味を示さない子どもには、個人指導をする。
(　) (6) 書き順の誤りは、小学校に入ってから困るので、直るまでしっかり指導しなければならない。
(　) (7) 適切な文字環境を整えて、文字に対する関心を持たせるように配慮する。
(　) (8) 絵本や童話は保育室に備えておく。
(　) (9) 簡単な絵本は読めるように指導する。
(　) (10) 幼稚園で絶対に文字は教えてならない。

6 領域「言葉」に属するねらいは、次の4項目に要約される。（　）の中に適当な語をしたから選びなさい。

(1) （a　）などを聞いて分かるようにする。
(2) （b　）や自分の思うことなどを（c　）ができるようにする。
(3) （d　）に必要な（e　）が正しく使えるようになる。
(4) （f　）などに親しみ、（g　）を豊かにする。

ア　日常生活　　　　イ　話すこと　　ウ　園生活　　エ　想像力
オ　経験したこと　　カ　聞くこと　　キ　人のことばや話
ク　書くこと　　　　ケ　ことば　　　コ　絵本、紙芝居

7 あなたの好きな紙芝居を、子どもが前にいると仮定して演じてみなさい。

8 あなたの好きなお話を、子どもが前にいると仮定して話してみなさい。

9 言語障害の主な症状と対処法について簡単に述べなさい。

10 次の語句について簡単に説明し、例をひとつ挙げよ。

(1) チ音化……（　　　　　　　　　　　　　　　　　　　）
(2) 鏡文字……（　　　　　　　　　　　　　　　　　　　）
(3) 喃語………（　　　　　　　　　　　　　　　　　　　）
(4) 一語文……（　　　　　　　　　　　　　　　　　　　）
(5) 擬音語……（　　　　　　　　　　　　　　　　　　　）

11 次の下線部に誤りがあれば、（　　）内に正しい答えを記入しなさい。

(1) 子音（　　　　　）は母音（　　　　　）より早く習得される。
(2) 幼児期（　　　　　）は言語形成期（　　　　　）として重要である。
(3) 「ぼうし」を「ぼうち」というのを（　　　　　）「チ音化」という。
(4) 「破裂音」（　　　　　）はp、d、kなどであり、m、n、ŋは「摩擦音」（　　　　　）である。
(5) 「お花きれい」などの構文は動詞述語文（　　　　　）である。

12 保育者の話し方として正しいものに○をつけよ。

（　）(1) 子ども同士を競争させて向上心をつける。
（　）(2) 指名を先にして、その後で発問する。
（　）(3) 子どもに恥をかかせたり、罪悪感を持たせない。
（　）(4) ゆっくりと間を取りながら話す。
（　）(5) 叱るときは厳しく叱るように心がける。
（　）(6) 子どもの発達に応じたことばを使う。
（　）(7) 子どもは分別がないので、主張はさせない。

(　　) (8) 方言を多くして、子どもと親しく話す。
(　　) (9) 指示は否定的でなく、肯定的に言うようにする。
(　　) (10) 子どもが安心するような調子で話す。

13　入園当初の指導法として、早いものから順に並べよ。

① 友だちの名前を覚えさせる。
② 通園に必要な信号や横断歩道を覚えさせる。
③ 自分の持ち物の置き場所を覚えさせる。
④ となりの学級の表示を覚えさせる。
⑤ 天気について言えるようにする。　　　(　　　　　　　　　　　)

14　子どもは乱暴なことばや性的なことばを好んで使う時期がある。その対処法として正しいものに○をつけよ。

(　　) (1) 悪いことばなので叱りつける。
(　　) (2) 反応を示さずに無視する。
(　　) (3) よい悪いをていねいに教える。
(　　) (4) 周囲がよいことばを使うようにする。
(　　) (5) よいことばを覚えたときはほめてあげる。

15　次の文の対応として正しいものを下から選んで、記号で答えよ。

(1) みんなの前で発表するとき吃音の出る子ども。　　(　　)
(2) 幼児音がいつまでも残っている子ども。　　(　　)

(3) 悪いことばを平気で使う子ども。　　　　　　　　　（　　）
(4) 人の話を聞こうとしない子ども。　　　　　　　　　（　　）
(5) 人と話をしようとしない子ども。　　　　　　　　　（　　）

ア　誤りを指摘しない。　　　　　イ　保育者が正しいことばで話す。
ウ　やさしく話しかける。　　　　エ　あまり反応を示さない。
オ　情緒を安定させて落ち着かせる。

16 次の文の（　　）の中に適当なことばを入れよ。

童話の種類には、神話・伝説。民話・昔話などの（　　）童話、名作童話さらに創作童話があります。また、子どもの日常生活を書いた（　　）童話、科学的な内容を扱った（　　）童話と言われるものがあります。

17 共通語と方言の性質上の相違点について簡単に述べよ。

共通語………（　　　　　　　　　　　　　　　　　　　　　　　　）
方　言………（　　　　　　　　　　　　　　　　　　　　　　　　）

18 次の文の（　　）の中に適当なことばを入れよ。

ことばの発達は、まず（　　）ことから始まって、（　　）ことができるようになり、やがて（　　）こと、（　　）ことへと進んでいく。

19 子どものことばについて、次の文の下線部に誤りがあれば（　　）の中に訂正しなさい。

(1) 母音（　　　　）は子音（　　　　）より早く習得されます。
(2) 5歳（　　　　）ごろになると、おしゃべりになります。
(3) 普通、6歳（　　　　）ごろまでを言語形成期といいます。
(4) 子どもは明日（　　　　）より昨日（　　　　）を早く覚えます。
(5) 品詞では動詞（　　　　）を一番早く覚えます。

20 ことば遊びを一つあげて、その特色を簡単に述べよ。

21 次の文中で正しいものに○を、誤りに×をつけよ。

(　　) (1) 紙人形に柄をつけて、手で動かして演ずるものをペープサートという。
(　　) (2) しりとりやなぞなぞ遊びは劇あそびである。
(　　) (3) 一語文が現れるのは2歳ごろである。
(　　) (4) クダサイをクダチャイというのは「チ音化」である。
(　　) (5) 紙芝居や指人形は視聴覚教材に含まれない。
(　　) (6) 外をオンモ、ごはんをマンマというのは幼児音である。
(　　) (7) ユーモアが分かり始めるのは5歳ごろからである。

22 視聴覚教材を3種類あげ、その特色を簡単に述べよ。

(1) (　　　　　　　　　　　)

(2) (　　　　　　　　　　　)

(3) (　　　　　　　　　　　)

23 子どもはよく質問する時期があるが、その対応について簡単に述べよ。

24 次の(　　)の中に適当なことばを下から選んで入れよ。

絵本には、動物や乗り物などの(　　　)絵本、身近な生活のルールをかいた(　　　)絵本、ひとつの作品をかいた(　　　)絵本などがあります。また、自然の法則や真理を発見し探求していく(　　　)絵本、何百年も口伝えられたものをかいた(　　　)絵本などがあります。

昔話　　生活　　物語　　観察　　科学　　空想

25 次の語句を発達順に番号をつけ、各時期の特色を簡単に説明しなさい。

( ) 命名期……… (　　　　　　　　　　　　　　　　　　　)
( ) 多弁期……… (　　　　　　　　　　　　　　　　　　　)
( ) 準備期……… (　　　　　　　　　　　　　　　　　　　)
( ) 適応期……… (　　　　　　　　　　　　　　　　　　　)
( ) 模倣期……… (　　　　　　　　　　　　　　　　　　　)
( ) 成熟期……… (　　　　　　　　　　　　　　　　　　　)
( ) 片言期……… (　　　　　　　　　　　　　　　　　　　)
( ) 羅列期……… (　　　　　　　　　　　　　　　　　　　)

26 お話の話し方として適切なものに○、誤りに×をつけよ。

( ) (1) よく分かる、やさしい話しことばで話す。
( ) (2) 相手は子どもなので、緩急、強弱、抑揚、間などに配慮する必要はない。
( ) (3) 聞き手の想像や期待などを予測して、適当な間を置いて話す。
( ) (4) 地の文は、共通語でなく方言や幼児語でもよい。
( ) (5) 話の終了後には、まとめとして教訓的な話を加えた方が好ましい。
( ) (6) ゼスチュアーは、話との関連に応じて自然につけた方がよい。
( ) (7) 話し手は、落ち着きのない子どもに目を配ればよい。
( ) (8) 聞き手の位置、話し手の位置や姿勢、光の取り入れ方、音響効果などに配慮しなければならない。

27 次の童話の作者名を挙げよ。

(1)「ピノキオ」　　　　　　　（　　　　　　）
(2)「赤いろうそくと人魚」　　（　　　　　　）
(3)「ブレーメンの音楽隊」　　（　　　　　　）
(4)「おやゆび姫」　　　　　　（　　　　　　）
(5)「ヘンデルとグレーテル」　（　　　　　　）
(6)「白雪姫」　　　　　　　　（　　　　　　）
(7)「小公子」　　　　　　　　（　　　　　　）
(8)「風の又三郎」　　　　　　（　　　　　　）
(9)「裸の王様」　　　　　　　（　　　　　　）
(10)「赤ずきん」　　　　　　　（　　　　　　）

28 年長児のことばの指導として正しいものに○をつけよ。

（　　）(1) みんなの前で意見を述べさせる。
（　　）(2) あいさつ語を指導する。
（　　）(3) 体系的に話すように指導する。
（　　）(4) 話す機会を増やすように工夫する。
（　　）(5) ことばの誤りは指摘しない。
（　　）(6) 静かに聞く態度をつけさせる。

29 次の文で正しいものに○をつけよ。

（　　）(1) 黒板に子どもが落書きすることは禁止する。

(　　) (2) 掲示物はなるべく長く置くべきである。
(　　) (3) 名札は正確に漢字で書いた方がよい。
(　　) (4) 掲示物と掲示物の間は少し空けた方がよい。
(　　) (5) 掲示物はなるべく全員の作品を飾った方がよい。
(　　) (6) 黒板には「月日」や「天気」を書いた方がよい。
(　　) (7) 掲示物は保育者が計画的に取り替えてよい。
(　　) (8) 名札や立て札で書きことばへの関心を高めるとよい。

30　次のことばについて、幼児語には○、幼児音には×をつけよ。

(1) くちゅ（　　）　(2) わんわん（　　）　(3) だっこ（　　）
(4) しー（　　）　(5) ちぇんちぇ（　　）　(6) ぼうち（　　）
(7) めんめ（　　）　(8) おとうたん（　　）　(9) ぶーぶ（　　）
(10) あちた（　　）

31　幼児期における「独りごと」について簡単に述べよ。

32 童話を選ぶときの条件を3つ挙げよ。

(1) (　　　　　　　　　　　　　　　　　　　　　　　　　　　)
(2) (　　　　　　　　　　　　　　　　　　　　　　　　　　　)
(3) (　　　　　　　　　　　　　　　　　　　　　　　　　　　)

33 次の語は、いわゆる幼稚園語（ていねい語が習慣化したもの）であるが、その分類を下の (1) ～ (6) に分けよ。

(1)「さあ、<u>おそと</u>に出ましょうね。」（　　）
(2)「<u>おはいりなさい</u>。そこ、さむいでしょう。」（　　）
(3)「<u>お絵かき</u>のしたくしましょうね。」（　　）
(4)「そんなひどいことをすると、<u>おいす</u>さんが泣きますよ。」（　　）
(5)「<u>おねつ</u>があるんじゃない？　すこし<u>おかお</u>が赤いようね。」（　　）
(6)「なんて、きたない<u>おてて</u>でしょう。」（　　）
(7)「<u>おてあらい</u>にいきたいひとは、早くいってらっしゃい。」（　　）
(8)「<u>お集まり</u>ですよ。早くいらっしゃい。」（　　）

① ていねいことば　　② 尊敬したことば　　③ 位相語（女性）
④ 擬人化したことば　　⑤ 動詞を名詞化して用いることば
⑥ 位相語（乳幼児）

34 幼児の話し合いの指導上、次の中で誤りと思うものに×をつけよ。

(　　)(1) 幼児同士の話し合いの場合、保育者は必ず仲間に入り、話の展開をリードする。

( )(2) 話し手の顔を見て聞き、話すときは聞き手の顔を見て話すように指導する。
( )(3) 幼児の話は断片的でまとまりがないから、最後まで聞かなくてもよい。
( )(4) 声の大きさや発音などに注意させる。
( )(5) ことばの発達には個人差があるので、話す力のある幼児に重点をおき、無口な子や消極的な子には発表させない。
( )(6) 幼児の質問はまじめに聞き、答えは幼児の分かることばで話す。
( )(7) 話しているとき、話をさえぎらないようにする。

35 幼稚園における「文字指導」に関して、望ましくないものに×をつけよ。

( )(1) 文字は小学校に入ってから学習するから、幼稚園で指導する必要はない。
( )(2) 幼稚園では五十音の読みを指導し、就学後の学習に差し障りのないようにする。
( )(3) 保育室にクラス名、園児名を貼ったり、カレンダーをかけたりして文字への関心を高める。
( )(4) 絵本の中の簡単な文を読めるようにする。
( )(5) ○印、×印、矢印などの意味が分かるようにする。
( )(6) 図鑑や絵本を保育室に備えておく。
( )(7) 文字に関心を示さない幼児に対しては個人指導を行う。
( )(8) 文字とことばを結びつけるような「ことば遊び」を保育計画に取り入れる。

36 幼児音、幼児語について説明しなさい。また、次のことばで幼児音には○、幼児語には×をつけよ。

(1) キチャ（　　　）　　(2) アンヨ（　　　）　　(3) タッチする（　　　）
(4) タガモ（　　　）　　(5) チコーキ（　　　）　　(6) ワンワン（　　　）

37 幼稚園で一般に使用されている紙芝居の選択、利用・管理上の留意点について、ア〜キから適切なものだけを選んであるグループは、①〜⑤のうちどれか選びなさい。

ア 遊びを発展させるとか、話の筋を理解させるためとか、生活習慣の乱れを正すためなど目的にあった内容を選ぶ。

イ 話す速度、間の取り方、音量などを工夫したり、ゼスチュアーを入れたりして、その内容が盛り上がるようにする。

ウ 人数、座席、採光などを考え、保育者の立つ位置、紙芝居と幼児との間隔、紙芝居の高さなどに配慮する。

エ 紙芝居は共有物であることを知らせ、幼児が常時使えるように、手の届く場所に置くようにする。

オ 幼児に自作を演じさせるときは、幼児たちが飽きないように、保育者が話の筋を考え、要点をはっきりさせてから始める。

カ 利用に際しては、予め枚数や順序を確かめるとか、保育者自身が読んで内容を理解しておく。

キ 既成の紙芝居を選ぶ場合には、幼児に理解できることばで書かれたもの、画面に適当な変化があるもの、絵がはっきりして見やすく、色彩が明るく美しいもの、芸術的に優れているものなどを心がける。

① ア・イ・ウ・エ　　② ア・ウ・カ・キ　　③ イ・エ・オ・キ
④ エ・オ・カ・キ　　⑤ ア・ウ・オ・カ

38 乳幼児のあいさつと返事に関して、次の指導法のうち誤っているものを2つ選びなさい。

(1) あいさつは目と目を合わせたり、肩をたたいたりして温かく受け止めることから始め、次第にきちんとした形式にさせる。
(2) 指示して行動させる場合には、乳幼児が行動の意味を理解していればよいから、必ずしも返事をさせる必要はない。
(3) 「はい」「いいえ」を言わせるときは、付和雷同的にではなく、自分の意思で答えさせるようにする。
(4) 「いただきます」「ごちそうさまでした」のあいさつは、友だちといっしょの段階から、一人のときでもする段階へと指導する。
(5) 一斉のあいさつが必要な場合には、初めから大きな声をそろえて出すことを要求する方がよい。

(　　) (　　)

39 次の（　）の中にふさわしい語句を下から選びなさい。

(1) ことばは，身近な人に親しみをもって接し，自分の（a　　）や意志などを伝え，それに相手が応答し，そのことばを聞くことを通して次第に獲得されていくものであることを考慮して，幼児が教師や他の（b　　）とかかわることにより心を動かすような体験をし，ことばを交わす（c　　）を味わえるようにすること。

(2) 絵本や物語などで，その内容と自分の（d　　）とを結び付けたり，想像を巡らせたりする楽しみを十分に味わうことによって，次第に豊かなイメージをもち，（e　　）に対する感覚が養われるようにすること。

(3) 幼児が日常生活の中で，文字などを使いながら思ったことや考えたことを伝える喜びや楽しさを味わい，文字に対する興味や（f　　）をもつようにすること。

経験　　感情　　関心　　模倣　　幼児　　喜び　　ことば

40　次の童話のうち日本の作品に○をつけ、作者名を挙げよ。

(　) (1)「泣いた赤鬼」　　　　(　　　　　　　)
(　) (2)「北風と太陽」　　　　(　　　　　　　)
(　) (3)「注文の多い料理店」　(　　　　　　　)
(　) (4)「ぐりとぐら」　　　　(　　　　　　　)
(　) (5)「欲張りな犬」　　　　(　　　　　　　)

解　答

[1]　(1) アウカコ　(2) イケ　(3) エキ　(4) オク
[2]　(a) ③　(b) ⑤　(c) ⑨　(d) ⑦　(e) ②　(f) ④　(g) ①　(h) ⑥
[3]　(2) (4) (7) (8) (9)
[4]　(1) (3) (4)
[5]　(2) (3) (7) (8)
[6]　(1) キ　(2) オ　(3) イ　(4) ア　(5) ケ　(6) コ　(7) エ
[7]　省略
[8]　省略
[9]　「言語障害」の項（42ページ）を見よ。

[10] (1) 子ども特有のことばで、くつが「クチュ」など。
　　 (2) 文字を覚える過程で、鏡に文字を映ったように書くこと。例えば「く」→「〉」など。
　　 (3) 乳児におけることば以前の音声。快の表現で、それ自体に意味はない。「アー」「エー」など。
　　 (4) 1つの単語が文章の役割をする。「マンマ」など。
　　 (5) あるものを代表する音をその名称とする語。例えば「ブーブ」が自動車など。
[11] (1) 子音→母音　母音→子音　(4) 摩擦音→鼻音
　　 (5) 動詞述語文→形容詞述語文
[12] (3) (4) (6) (9) (10)
[13] (3) (2) (4) (1) (5)
[14] (2) (4) (5)
[15] (1) (ア)　(2) (イ)　(3) (エ)　(4) (ウ)　(5) (オ)
[16] 伝承、生活、科学
[17] 共通語………全国どこでも通じることば。
　　 方言………ある地方で使われることば。
[18] 聞く、話す、読む、書く
[19] (2) 3歳　(3) 12歳　(4) きょう、あした　(5) 名詞
[20] 「ことば遊び」の項（70ページ）を見よ。
[21] (1) ○　(2) ×　(3) ×　(4) ○　(5) ×　(6) ×　(7) ○
[22] 紙芝居、テレビ、ビデオ、DVDなど。
　　 特色についてはそれぞれの項を見よ。
[23] 3歳ごろに第1次質問期、4歳ごろに第2次質問期が見られる。子どもの話をよく聞き、ていねいに答えるのがよい。
[24] 観察、生活、物語、科学、昔話
[25] 「ことばの発達」の項（23ページ）を見よ。
[26] (1) ○　(2) ×　(3) ○　(4) ×　(5) ×　(6) ○　(7) ×　(8) ○
[27] (1) ユロディ　　　(2) 小川未明　　(3) グリム　　　　(4) アンデルセン
　　 (5) グリム　　　　(6) グリム　　　(7) バーネット　　(8) 宮沢賢治
　　 (9) アンデルセン　(10) グリム
[28] (1) (3) (4) (5)
[29] (4) (5) (6) (7) (8)
[30] (1) ×　(2) ○　(3) ○　(4) ○　(5) ×　(6) ×　(7) ○　(8) ×　(9) ○　(10) ×
[31] ことばの発達過程の初期においては独りごと（外言化）して思考する。6歳ごろになると大人と同じ内言による思考へと移る。

[32] (1)年齢に即したもの。
(2)興味が持て、教育性のあるもの。
(3)明るく健康的なもの。
[33] ①—(1)(5)　②—(2)　③—(7)　④—(4)　⑤—(3)(8)　⑥—(6)
[34] ×—(1)(3)(5)
[35] ×—(1)(2)(4)(7)
[36] (1)○　(2)×　(3)×　(4)○　(5)○　(6)×
[37] ②
[38] (2)　(5)
[39] a 感情　b 幼児　c 喜び　d 経験　e 言葉　f 関心
[40] (1) 浜田広介　(3) 宮沢賢治　(4) 中川李枝子

2 「言葉」に関する専門用語集

専門用語	解　説
ア　行	
アヴェロンの野生児	1799年、フランスで発見された狼少年。推定11〜12歳で、5年間教育したが正常な日常生活はできなかった。ことばはある程度まで理解できるようになった。
アクセント	語の中にある音節の特に際立った抑揚。語中の高まりや強まり。
1語文	「ブーブ」と発音しても「ブーブが来た、行った、欲しい」と文のような働きをする現象。1語発話ともいう。
1次性吃音（きつおん）	幼児期に見られる。本人はどもっているという自覚がない。成人でどもっているのを2次性吃音という。
イントネーション	（声の）抑揚、調子。語調。
絵かき歌	歌といっしょにいろいろな形を書いていく遊び。絵だけでなく、文字の習得を促す。
絵話	物語を絵で表現し、話をしながら進めていく視聴覚教材。子どもの描いた絵を重ねて、即席の物語を作ったりもする。

専門用語	解　　説
絵読み	絵本の初歩的な読み方。文字を読まないで、絵を見るだけで認識を深める。
エプロンシアター	素材のフェルトを使って、ポケットから人形が飛び出す不思議さやマジックテープで取り外しできる面白さがあり、エプロンを使った遊具の特性をもつ。
オペレッタ	オペラより小規模の喜歌劇をいう。保育では発表会などの行事で行われることがある。
音声	人間の発音器官の発する音のうち、意味の伝達を目的とするもの。人間がことばとして出す音。
音声器官	人間が音声を出すのに必要な器官。咽喉、口腔、鼻腔など。
カ　行	
外言語 （がいげんご）	幼児が行動しながら、その行動をことばにして説明する現象。病的でなく一過性。成長と共に大人と同じ内言語となる。
学習観	練習や訓練などの経験的な活動の結果として生じる比較的永続的な行動の変化のすべて。
学習障害	外界からの情報を受けとめ、整理し、表出する能力に問題があり、話す、読む、書く、計算するなどの学習の基礎となる能力に困難が見られる。
片言	不完全でたどたどしいことば。発音の乱れや助詞の脱落がその原因。
緘黙症 （かんもくしょう）	家の中では普通に会話ができるのに、保育所、学校など外では緊張して話せなかったり、小声でしか答えられない状態。だんまり。
擬音語	あるものを代表する音をその名称とする語。「ブーブ」が車など。
擬声語	動物の音声などをまねて作った語。「メエー、メエー」がヤギなど。
擬態語	あるものの動く様子などをそのものの名称とする語。「ニョロ、ニョロ」がヘビなど。
吃音（きつおん）	発音が不自由でどもること。3歳前後によく見られ、一過性で消失することが多い。

専門用語	解説
鏡映文字 （きょうえいもじ）	幼児が文字を覚え始めたとき、鏡に映ったように文字の一部または全部を逆に書く現象。鏡文字ともいう。
寓話（ぐうわ）	教訓や風刺の強いたとえ話。「イソップ物語」がその代表。
劇遊び	絵本やお話のストーリーをもとに、想像の世界で「ふり」や「つもり」を楽しむ遊び。「ごっこ遊び」に共通する要素が多い。
言語学級	小学校に併設され、正しい発音を育てるために、ことばや音に注意を向けさせ、発音器官（唇、舌、あごなど）の運動機能を向上させるための教室。ことばの教室ともいう。
言語聴覚士	スピーチセラピスト(speech therapist)。言語や聴覚障害者にリハビリを行う専門職。
言語形成期	3、4歳から12歳ごろまでの時期をいう。この時期にその人の使うことばの大部分が決まるとされている。
謙譲語	自分や自分の側にあるものをへりくだって言うことで、相対的に相手に敬意を表す語。
語彙（ごい）	日本語など１つの言語体系の、互いに他と識別される単語の総体。用語、単語。
口演童話	実演童話、ストーリーテリングと同義。子どもを集めてお話を聞かせること。
構音障害	ことばの発音に障害のある状態。機能的と器質的に大別。
口蓋列 （こうがいれつ）	口腔と鼻腔を隔てる口の上壁が開いた状態をいう。発声その他に障害を及ぼす。
ごっこ遊び	子どもが体験に基づいて、つもりになって「〜のような」まねをし、身近なものを見立て、役割実現するというような象徴的遊びをいう。幼児期に多く小学校に入るころには減少する。
言葉	「幼稚園教育要領」「保育所保育指針」における「領域」の１つ。
ことば遊び	ことばを遊具のように用いて様々に組み合わせて遊ぶこと。「なぞなぞ」「しりとり」「早口ことば」はその代表。

専門用語	解　説
語聾（ごろう）	ことばを単なる音とだけとして聞き、その意味を理解できない症状。一種の失語症。
サ　行	
3語文	「〜だから〜だ」のような因果関係をはっきり話せるようになる現象。
始語期	1歳前後の子どもが自発的にことばを発する時期。
質問期	3歳ごろ「これ、なーに」と頻繁にたずねるのが第1次質問期、4歳くらいになって「どうして、なぜ」と理由などを聞くのが第2次質問期という。
児童文学	子どものために書かれた詩や物語。幼年向け特に幼年文学という。
受容遊び	テレビを見たりCDを聞いたりという受け身の形の遊び。
週案	週案週を単位とする計画で、年長幼児では毎月の計画を4週にわけて具体的に展開するもの。
象徴遊び	小石をあめ玉に見立てるような見立て遊び、ごっこ遊び。
神話	有史以前に作られた神を中心とする説話や伝説。
数詞	数量や順序を表現する名詞。1、2、3とか1番、1位など。
ストーリーテリング	story telling　お話。物語を文字からではなく、話す人の肉声によって子どもに直接伝えること。
説話	物語、神話、伝説の総称。
創作童話	児童文学者によって創作された物語。
尊敬語	話し手が聞き手や話題の主または動作・状態・所有物などを高めていう語。
タ　行	
立絵	画面の中央に人物を描き中央に竹串つけた紙人形を用いる紙芝居。今日のペープサート。

専門用語	解　説
チ音化	幼児がことばを習得過程で起きる現象。「くつ」を「クチュ」と発音するなど。
手遊び・指遊び	唱えた言葉や歌に手や指の動きを伴った遊び。
伝承遊び	子どもたちが作り出して伝えてきた遊び。「かごめかごめ」「はないちもんめ」など。
伝承的行事	お正月、節分など社会や地域に伝わる行事を園の行事として行うこと。
童詩	詩人が子どものために作った詩。絵本といっしょになった作品が多い。子ども自身が作った詩は児童詩という。
童話	子どものために作った物語。
童話期	年齢によって次のように区分するが、個人差が大きい。おとぎ話期１〜８歳、寓話期１〜１０歳、童話期１１〜１２歳、物語期１１〜１７歳、文学期１５〜２０歳、思想期１９歳〜。
ナ　行	
内言	ことばとして表出される以前の思考過程における言語。３歳ごろまでは独り言による外言で思考するが、次第に内外化し６歳ごろには成人と等しく内言化する。
喃語（なんご）	乳児が発する「アー」などという母音(ぼいん)。快の表現で世界共通。
２語文	「わんわん、あっち」「ブーブー、いった」と２つの語句を組み合わせた文。
日案	一日を単位とする計画。
人形劇	人形によって演ずる劇。ことばの発達も促す。
寝言	睡眠中、無意識に発することば。子どもの半数に見られ、情緒不安定などが原因とされる。
ハ　行	
撥音	ことばの語中、語尾にあって１音節をなす鼻音。「ん・ン」。

専門用語	解　説
発達障害	心身の成長発達期におけるなんらかの遅れや偏りが長期的に持続する状態を示す。
発問	子どもの認識や思考などを高めるために保育者から出される質問。
パネルシアター	毛羽立ちのある布どうし付着するという特性を利用した視聴覚教材。
反抗期	子どもの自立への試みを大人からみたとき、大人の願いを裏切るようになる形。1〜3歳、小学校高学年、青年期と自立に向けての節目に起こる。
微笑行動	満腹で眠りかけた頃、口唇を横にひきつけ、ほほえんだような表情になる行動。
標準語	その国の標準として定められた言語。今の日本にはなく、代わりに共通語という。
ブックスタート	1992年にイギリスで始まったすべての乳児と保護者に絵本とその読み聞かせ方を手渡す運動。日本でも普及しつつある。
平叙文	文の表現形式で命令文、感嘆文、疑問文に対して、叙述を表す文。「子どもはかわいい」「冬は寒い」など。
ペープサート	様々な人形を移動、反転、転画しながら展開する紙人形劇。制作は簡単で、子どもでも自作自演できる。
保育者	保育士と幼稚園教諭とを含めた呼び方。
保育所保育指針	厚労省が保育の理念・内容・方法を示したもの。
母音	日本語では「あ、い、う、え、お」の5音。「ぼいん」と読む。反対は子音(しいん)。
ホスピタリズム	hospitalism　特定の他者との間に個人的で情緒的な信頼関係を形成できなかったことによる発達の遅れ。
マ 行	
民話	民間に語り伝えられてきた説話。
昔話	口承文芸。「むかし、むかし」で始まる「桃太郎」など。

専門用語	解　説
模倣	まねること。幼児期における大切な学習手段で、ことばの獲得でも影響が大きい。
ヤ　行	
幼児語	「マンマ、クック」など幼児が使う言葉。大人が使う育児語でもある。
幼稚園教育要領	幼稚園教育の要点について国が作成したもの。
幼稚園語	幼稚園で使われるていねいなことばで「お歌」など尊敬の接頭語がその代表。幼稚園ことば。
幼稚園設置基準	幼稚園を設置、また教育水準を維持向上するために文部科学省が定めた必要最低限の基準。
幼稚園教諭	幼稚園の先生の正式名称。
幼年童話	低学年向けの童話。
読みっぱなし読書	読書したあと質問攻めにしないで、また読書しようという意欲を尊重する考え。
ラ　行	
類縁語	似たことやつながりのある語。
類音語	似た発音の語。「おばさん」と「おばあさん」など。
レディネス	Readiness　学習準備。ある学習を効果的に受け入れる心身の準備性。
ワ　行	
童歌（わらべうた）	昔から子どもたちに歌われてきた歌。遊びが中心で全国的なものが多い。

3 幼稚園教育要領（全文）

文部科学省告示第62号

平成29（2017）年3月31日／
平成30（2018）年4月1日施行予定

（前文）

　教育は，教育基本法第1条に定めるとおり，人格の完成を目指し，平和で民主的な国家及び社会の形成者として必要な資質を備えた心身ともに健康な国民の育成を期すという目的のもと，同法第2条に掲げる次の目標を達成するよう行われなければならない。

1. 幅広い知識と教養を身に付け，真理を求める態度を養い，豊かな情操と道徳心を培うとともに，健やかな身体を養うこと。
2. 個人の価値を尊重して，その能力を伸ばし，創造性を培い，自主及び自律の精神を養うとともに，職業及び生活との関連を重視し，勤労を重んずる態度を養うこと。
3. 正義と責任，男女の平等，自他の敬愛と協力を重んずるとともに，公共の精神に基づき，主体的に社会の形成に参画し，その発展に寄与する態度を養うこと。
4. 生命を尊び，自然を大切にし，環境の保全に寄与する態度を養うこと。
5. 伝統と文化を尊重し，それらをはぐくんできた我が国と郷土を愛するとともに，他国を尊重し，国際社会の平和と発展に寄与する態度を養うこと。

　また，幼児期の教育については，同法第11条に掲げるとおり，生涯にわたる人格形成の基礎を培う重要なものであることにかんがみ，国及び地方公共団体は，幼児の健やかな成長に資する良好な環境の整備その他適当な方法によって，その振興に努めなければならないこととされている。

　これからの幼稚園には，学校教育の始まりとして，こうした教育の目的及び目標の達成を目指しつつ，一人一人の幼児が，将来，自分のよさや可能性を認識するとともに，あらゆる他者を価値のある存在として尊重し，多様な人々と協働しながら様々な社会的変化を乗り越え，豊かな人生を切り拓き，持続可能な社会の創り手となることができるようにするための基礎を培うことが求められる。このために必要な教育の在り方を具体化するのが，各幼稚園において教育の内容等を組織的かつ計画的に組み立てた教育課程である。

　教育課程を通して，これからの時代に求められる教育を実現していくためには，よりよい学校教育を通してよりよい社会を創るという理念を学校と社会とが共有し，それぞれの幼稚園において，幼児期にふさわしい生活をどのように展開し，どのような資質・能力を育むようにするのかを教育課程において明確にしながら，社会との連携及び協働によりその実現を図っていくという，社会に開かれた教育課程の実現が重要となる。

　幼稚園教育要領とは，こうした理念の実現に向けて必要となる教育課程の基準を大綱的に定めるものである。幼稚園教育要領が果たす役割の一つは，公の性質を有する幼稚園における教育水準を全国的に確保することである。また，各幼稚

園がその特色を生かして創意工夫を重ね，長年にわたり積み重ねられてきた教育実践や学術研究の蓄積を生かしながら，幼児や地域の現状や課題を捉え，家庭や地域社会と協力して，幼稚園教育要領を踏まえた教育活動の更なる充実を図っていくことも重要である。

幼児の自発的な活動としての遊びを生み出すために必要な環境を整え，一人一人の資質・能力を育んでいくことは，教職員をはじめとする幼稚園関係者はもとより，家庭や地域の人々も含め，様々な立場から幼児や幼稚園に関わる全ての大人に期待される役割である。家庭との緊密な連携の下，小学校以降の教育や生涯にわたる学習とのつながりを見通しながら，幼児の自発的な活動としての遊びを通しての総合的な指導をする際に広く活用されるものとなることを期待して，ここに幼稚園教育要領を定める。

第1章　総　則

第1　幼稚園教育の基本

幼児期の教育は，生涯にわたる人格形成の基礎を培う重要なものであり，幼稚園教育は，学校教育法に規定する目的及び目標を達成するため，幼児期の特性を踏まえ，環境を通して行うものであることを基本とする。

このため教師は，幼児との信頼関係を十分に築き，幼児が身近な環境に主体的に関わり，環境との関わり方や意味に気付き，これらを取り込もうとして，試行錯誤したり，考えたりするようになる幼児期の教育における見方・考え方を生かし，幼児と共によりよい教育環境を創造するように努めるものとする。これらを踏まえ，次に示す事項を重視して教育を行わなければならない。

1　幼児は安定した情緒の下で自己を十分に発揮することにより発達に必要な体験を得ていくものであることを考慮して，幼児の主体的な活動を促し，幼児期にふさわしい生活が展開されるようにすること。

2　幼児の自発的な活動としての遊びは，心身の調和のとれた発達の基礎を培う重要な学習であることを考慮して，遊びを通しての指導を中心として第2章に示すねらいが総合的に達成されるようにすること。

3　幼児の発達は，心身の諸側面が相互に関連し合い，多様な経過をたどって成し遂げられていくものであること，また，幼児の生活経験がそれぞれ異なることなどを考慮して，幼児一人一人の特性に応じ，発達の課題に即した指導を行うようにすること。

その際，教師は，幼児の主体的な活動が確保されるよう幼児一人一人の行動の理解と予想に基づき，計画的に環境を構成しなければならない。この場合において，教師は，幼児と人やものとの関わりが重要であることを踏まえ，教材を工夫し，物的・空間的環境を構成しなければならない。また，幼児一人一人の活動の場面に応じて，様々な役割を果たし，その活動を豊かにしなければならない。

第2 幼稚園教育において育みたい資質・能力及び「幼児期の終わりまでに育ってほしい姿」

1 幼稚園においては,生きる力の基礎を育むため,この章の第1に示す幼稚園教育の基本を踏まえ,次に掲げる資質・能力を一体的に育むよう努めるものとする。

(1) 豊かな体験を通じて,感じたり,気付いたり,分かったり,できるようになったりする「知識及び技能の基礎」

(2) 気付いたことや,できるようになったことなどを使い,考えたり,試したり,工夫したり,表現したりする「思考力,判断力,表現力等の基礎」

(3) 心情,意欲,態度が育つ中で,よりよい生活を営もうとする「学びに向かう力,人間性等」

2 1に示す資質・能力は,第2章に示すねらい及び内容に基づく活動全体によって育むものである。

3 次に示す「幼児期の終わりまでに育ってほしい姿」は,第2章に示すねらい及び内容に基づく活動全体を通して資質・能力が育まれている幼児の幼稚園修了時の具体的な姿であり,教師が指導を行う際に考慮するものである。

(1) 健康な心と体

幼稚園生活の中で,充実感をもって自分のやりたいことに向かって心と体を十分に働かせ,見通しをもって行動し,自ら健康で安全な生活をつくり出すようになる。

(2) 自立心

身近な環境に主体的に関わり様々な活動を楽しむ中で,しなければならないことを自覚し,自分の力で行うために考えたり,工夫したりしながら,諦めずにやり遂げることで達成感を味わい,自信をもって行動するようになる。

(3) 協同性

友達と関わる中で,互いの思いや考えなどを共有し,共通の目的の実現に向けて,考えたり,工夫したり,協力したりし,充実感をもってやり遂げるようになる。

(4) 道徳性・規範意識の芽生え

友達と様々な体験を重ねる中で,してよいことや悪いことが分かり,自分の行動を振り返ったり,友達の気持ちに共感したりし,相手の立場に立って行動するようになる。また,きまりを守る必要性が分かり,自分の気持ちを調整し,友達と折り合いを付けながら,きまりをつくったり,守ったりするようになる。

(5) 社会生活との関わり

家族を大切にしようとする気持ちをもつとともに,地域の身近な人と触れ合う中で,人との様々な関わり方に気付き,相手の気持ちを考えて関わり,自分が役に立つ喜びを感じ,地域に親しみをもつようになる。また,幼稚園内外の様々な環境に関わる中で,遊びや生活に必要な情報を取り入れ,情報に基づき判断したり,情報を伝え合ったり,活用したりするなど,情報を役立てながら活

動するようになるとともに，公共の施設を大切に利用するなどして，社会とのつながりなどを意識するようになる。
（6）思考力の芽生え

　身近な事象に積極的に関わる中で，物の性質や仕組みなどを感じ取ったり，気付いたりし，考えたり，予想したり，工夫したりするなど，多様な関わりを楽しむようになる。また，友達の様々な考えに触れる中で，自分と異なる考えがあることに気付き，自ら判断したり，考え直したりするなど，新しい考えを生み出す喜びを味わいながら，自分の考えをよりよいものにするようになる。
（7）自然との関わり・生命尊重

　自然に触れて感動する体験を通して，自然の変化などを感じ取り，好奇心や探究心をもって考え言葉などで表現しながら，身近な事象への関心が高まるとともに，自然への愛情や畏敬の念をもつようになる。また，身近な動植物に心を動かされる中で，生命の不思議さや尊さに気付き，身近な動植物への接し方を考え，命あるものとしていたわり，大切にする気持ちをもって関わるようになる。
（8）数量や図形，標識や文字などへの関心・感覚

　遊びや生活の中で，数量や図形，標識や文字などに親しむ体験を重ねたり，標識や文字の役割に気付いたりし，自らの必要感に基づきこれらを活用し，興味や関心，感覚をもつようになる。
（9）言葉による伝え合い

　先生や友達と心を通わせる中で，絵本や物語などに親しみながら，豊かな言葉や表現を身に付け，経験したことや考えたことなどを言葉で伝えたり，相手の話を注意して聞いたりし，言葉による伝え合いを楽しむようになる。
（10）豊かな感性と表現

　心を動かす出来事などに触れ感性を働かせる中で，様々な素材の特徴や表現の仕方などに気付き，感じたことや考えたことを自分で表現したり，友達同士で表現する過程を楽しんだりし，表現する喜びを味わい，意欲をもつようになる。

第3　教育課程の役割と編成等
1　教育課程の役割

　各幼稚園においては，教育基本法及び学校教育法その他の法令並びにこの幼稚園教育要領の示すところに従い，創意工夫を生かし，幼児の心身の発達と幼稚園及び地域の実態に即応した適切な教育課程を編成するものとする。

　また，各幼稚園においては，6に示す全体的な計画にも留意しながら，「幼児期の終わりまでに育ってほしい姿」を踏まえ教育課程を編成すること，教育課程の実施状況を評価してその改善を図っていくこと，教育課程の実施に必要な人的又は物的な体制を確保するとともにその改善を図っていくことなどを通して，教育課程に基づき組織的かつ計画的に各幼

稚園の教育活動の質の向上を図っていくこと（以下「カリキュラム・マネジメント」という。）に努めるものとする。

2　各幼稚園の教育目標と教育課程の編成

　教育課程の編成に当たっては，幼稚園教育において育みたい資質・能力を踏まえつつ，各幼稚園の教育目標を明確にするとともに，教育課程の編成についての基本的な方針が家庭や地域とも共有されるよう努めるものとする。

3　教育課程の編成上の基本的事項
　（1）幼稚園生活の全体を通して第2章に示すねらいが総合的に達成されるよう，教育課程に係る教育期間や幼児の生活経験や発達の過程などを考慮して具体的なねらいと内容を組織するものとする。この場合においては，特に，自我が芽生え，他者の存在を意識し，自己を抑制しようとする気持ちが生まれる幼児期の発達の特性を踏まえ，入園から修了に至るまでの長期的な視野をもって充実した生活が展開できるように配慮するものとする。
　（2）幼稚園の毎学年の教育課程に係る教育週数は，特別の事情のある場合を除き，39週を下ってはならない。
　（3）幼稚園の1日の教育課程に係る教育時間は，4時間を標準とする。ただし，幼児の心身の発達の程度や季節などに適切に配慮するものとする。

4　教育課程の編成上の留意事項
　教育課程の編成に当たっては，次の事項に留意するものとする。
　（1）幼児の生活は，入園当初の一人一人の遊びや教師との触れ合いを通して幼稚園生活に親しみ，安定していく時期から，他の幼児との関わりの中で幼児の主体的な活動が深まり，幼児が互いに必要な存在であることを認識するようになり，やがて幼児同士や学級全体で目的をもって協同して幼稚園生活を展開し，深めていく時期などに至るまでの過程を様々に経ながら広げられていくものであることを考慮し，活動がそれぞれの時期にふさわしく展開されるようにすること。
　（2）入園当初，特に，3歳児の入園については，家庭との連携を緊密にし，生活のリズムや安全面に十分配慮すること。また，満3歳児については，学年の途中から入園することを考慮し，幼児が安心して幼稚園生活を過ごすことができるよう配慮すること。
　（3）幼稚園生活が幼児にとって安全なものとなるよう，教職員による協力体制の下，幼児の主体的な活動を大切にしつつ，園庭や園舎などの環境の配慮や指導の工夫を行うこと。

5　小学校教育との接続に当たっての留意事項
　（1）幼稚園においては，幼稚園教育が，小学校以降の生活や学習の基盤の育成につながることに配慮し，幼

児期にふさわしい生活を通して，創造的な思考や主体的な生活態度などの基礎を培うようにするものとする。
（2）幼稚園教育において育まれた資質・能力を踏まえ，小学校教育が円滑に行われるよう，小学校の教師との意見交換や合同の研究の機会などを設け，「幼児期の終わりまでに育ってほしい姿」を共有するなど連携を図り，幼稚園教育と小学校教育との円滑な接続を図るよう努めるものとする。

6　全体的な計画の作成

各幼稚園においては，教育課程を中心に，第3章に示す教育課程に係る教育時間の終了後等に行う教育活動の計画，学校保健計画，学校安全計画などとを関連させ，一体的に教育活動が展開されるよう全体的な計画を作成するものとする。

第4　指導計画の作成と幼児理解に基づいた評価
1　指導計画の考え方

幼稚園教育は，幼児が自ら意欲をもって環境と関わることによりつくり出される具体的な活動を通して，その目標の達成を図るものである。幼稚園においてはこのことを踏まえ，幼児期にふさわしい生活が展開され，適切な指導が行われるよう，それぞれの幼稚園の教育課程に基づき，調和のとれた組織的，発展的な指導計画を作成し，幼児の活動に沿った柔軟な指導を行わなければならない。

2　指導計画の作成上の基本的事項
（1）指導計画は，幼児の発達に即して一人一人の幼児が幼児期にふさわしい生活を展開し，必要な体験を得られるようにするために，具体的に作成するものとする。
（2）指導計画の作成に当たっては，次に示すところにより，具体的なねらい及び内容を明確に設定し，適切な環境を構成することなどにより活動が選択・展開されるようにするものとする。

ア　具体的なねらい及び内容は，幼稚園生活における幼児の発達の過程を見通し，幼児の生活の連続性，季節の変化などを考慮して，幼児の興味や関心，発達の実情などに応じて設定すること。
イ　環境は，具体的なねらいを達成するために適切なものとなるように構成し，幼児が自らその環境に関わることにより様々な活動を展開しつつ必要な体験を得られるようにすること。その際，幼児の生活する姿や発想を大切にし，常にその環境が適切なものとなるようにすること。
ウ　幼児の行う具体的な活動は，生活の流れの中で様々に変化するものであることに留意し，幼児が望ましい方向に向かって自ら活動を展開していくことができるよう必要な援助をすること。

その際，幼児の実態及び幼児を取り巻く状況の変化などに即して

指導の過程についての評価を適切に行い，常に指導計画の改善を図るものとする。

3　指導計画の作成上の留意事項

指導計画の作成に当たっては，次の事項に留意するものとする。

（1）長期的に発達を見通した年，学期，月などにわたる長期の指導計画やこれとの関連を保ちながらより具体的な幼児の生活に即した週，日などの短期の指導計画を作成し，適切な指導が行われるようにすること。特に，週，日などの短期の指導計画については，幼児の生活のリズムに配慮し，幼児の意識や興味の連続性のある活動が相互に関連して幼稚園生活の自然な流れの中に組み込まれるようにすること。

（2）幼児が様々な人やものとの関わりを通して，多様な体験をし，心身の調和のとれた発達を促すようにしていくこと。その際，幼児の発達に即して主体的・対話的で深い学びが実現するようにするとともに，心を動かされる体験が次の活動を生み出すことを考慮し，一つ一つの体験が相互に結び付き，幼稚園生活が充実するようにすること。

（3）言語に関する能力の発達と思考力等の発達が関連していることを踏まえ，幼稚園生活全体を通して，幼児の発達を踏まえた言語環境を整え，言語活動の充実を図ること。

（4）幼児が次の活動への期待や意欲をもつことができるよう，幼児の実態を踏まえながら，教師や他の幼児と共に遊びや生活の中で見通しをもったり，振り返ったりするよう工夫すること。

（5）行事の指導に当たっては，幼稚園生活の自然の流れの中で生活に変化や潤いを与え，幼児が主体的に楽しく活動できるようにすること。なお，それぞれの行事についてはその教育的価値を十分検討し，適切なものを精選し，幼児の負担にならないようにすること。

（6）幼児期は直接的な体験が重要であることを踏まえ，視聴覚教材やコンピュータなど情報機器を活用する際には，幼稚園生活では得難い体験を補完するなど，幼児の体験との関連を考慮すること。

（7）幼児の主体的な活動を促すためには，教師が多様な関わりをもつことが重要であることを踏まえ，教師は，理解者，共同作業者など様々な役割を果たし，幼児の発達に必要な豊かな体験が得られるよう，活動の場面に応じて，適切な指導を行うようにすること。

（8）幼児の行う活動は，個人，グループ，学級全体などで多様に展開されるものであることを踏まえ，幼稚園全体の教師による協力体制を作りながら，一人一人の幼児が興味や欲求を十分に満足させるよう適切な援助を行うようにすること。

4　幼児理解に基づいた評価の実施

幼児一人一人の発達の理解に基づいた

評価の実施に当たっては，次の事項に配慮するものとする。
  （1）指導の過程を振り返りながら幼児の理解を進め，幼児一人一人のよさや可能性などを把握し，指導の改善に生かすようにすること。その際，他の幼児との比較や一定の基準に対する達成度についての評定によって捉えるものではないことに留意すること。
  （2）評価の妥当性や信頼性が高められるよう創意工夫を行い，組織的かつ計画的な取組を推進するとともに，次年度又は小学校等にその内容が適切に引き継がれるようにすること。

第5 特別な配慮を必要とする幼児への指導

1 障害のある幼児などへの指導

　障害のある幼児などへの指導に当たっては，集団の中で生活することを通して全体的な発達を促していくことに配慮し，特別支援学校などの助言又は援助を活用しつつ，個々の幼児の障害の状態などに応じた指導内容や指導方法の工夫を組織的かつ計画的に行うものとする。また，家庭，地域及び医療や福祉，保健等の業務を行う関係機関との連携を図り，長期的な視点で幼児への教育的支援を行うために，個別の教育支援計画を作成し活用することに努めるとともに，個々の幼児の実態を的確に把握し，個別の指導計画を作成し活用することに努めるものとする。

2 海外から帰国した幼児や生活に必要な日本語の習得に困難のある幼児の幼稚園生活への適応

　海外から帰国した幼児や生活に必要な日本語の習得に困難のある幼児については，安心して自己を発揮できるよう配慮するなど個々の幼児の実態に応じ，指導内容や指導方法の工夫を組織的かつ計画的に行うものとする。

第6 幼稚園運営上の留意事項

1 　各幼稚園においては，園長の方針の下に，園務分掌に基づき教職員が適切に役割を分担しつつ，相互に連携しながら，教育課程や指導の改善を図るものとする。また，各幼稚園が行う学校評価については，教育課程の編成，実施，改善が教育活動や幼稚園運営の中核となることを踏まえ，カリキュラム・マネジメントと関連付けながら実施するよう留意するものとする。

2 　幼児の生活は，家庭を基盤として地域社会を通じて次第に広がりをもつものであることに留意し，家庭との連携を十分に図るなど，幼稚園における生活が家庭や地域社会と連続性を保ちつつ展開されるようにするものとする。その際，地域の自然，高齢者や異年齢の子供などを含む人材，行事や公共施設などの地域の資源を積極的に活用し，幼児が豊かな生活体験を得られるように工夫するものとする。また，家庭との連携に当たっては，保護者との情報交換の機会を設けたり，保護者と幼児との

活動の機会を設けたりなどすることを通じて，保護者の幼児期の教育に関する理解が深まるよう配慮するものとする。
3　地域や幼稚園の実態等により，幼稚園間に加え，保育所，幼保連携型認定こども園，小学校，中学校，高等学校及び特別支援学校などとの間の連携や交流を図るものとする。特に，幼稚園教育と小学校教育の円滑な接続のため，幼稚園の幼児と小学校の児童との交流の機会を積極的に設けるようにするものとする。また，障害のある幼児児童生徒との交流及び共同学習の機会を設け，共に尊重し合いながら協働して生活していく態度を育むよう努めるものとする。

第7　教育課程に係る教育時間終了後等に行う教育活動など

　幼稚園は，第3章に示す教育課程に係る教育時間の終了後等に行う教育活動について，学校教育法に規定する目的及び目標並びにこの章の第1に示す幼稚園教育の基本を踏まえ実施するものとする。また，幼稚園の目的の達成に資するため，幼児の生活全体が豊かなものとなるよう家庭や地域における幼児期の教育の支援に努めるものとする。

第2章　ねらい及び内容

　この章に示すねらいは，幼稚園教育において育みたい資質・能力を幼児の生活する姿から捉えたものであり，内容は，ねらいを達成するために指導する事項である。各領域は，これらを幼児の発達の側面から，心身の健康に関する領域「健康」，人との関わりに関する領域「人間関係」，身近な環境との関わりに関する領域「環境」，言葉の獲得に関する領域「言葉」及び感性と表現に関する領域「表現」としてまとめ，示したものである。内容の取扱いは，幼児の発達を踏まえた指導を行うに当たって留意すべき事項である。

　各領域に示すねらいは，幼稚園における生活の全体を通じ，幼児が様々な体験を積み重ねる中で相互に関連をもちながら次第に達成に向かうものであること，内容は，幼児が環境に関わって展開する具体的な活動を通して総合的に指導されるものであることに留意しなければならない。

　また，「幼児期の終わりまでに育ってほしい姿」が，ねらい及び内容に基づく活動全体を通して資質・能力が育まれている幼児の幼稚園修了時の具体的な姿であることを踏まえ，指導を行う際に考慮するものとする。

　なお，特に必要な場合には，各領域に示すねらいの趣旨に基づいて適切な，具体的な内容を工夫し，それを加えても差し支えないが，その場合には，それが第1章の第1に示す幼稚園教育の基本を逸脱しないよう慎重に配慮する必要がある。

健康
〔健康な心と体を育て，自ら健康で安全な生活をつくり出す力を養う。〕

1　ねらい
（1）明るく伸び伸びと行動し，充実感を味わう。
（2）自分の体を十分に動かし，進んで運動しようとする。
（3）健康，安全な生活に必要な習慣や態度を身に付け，見通しをもって行動する。

2　内容
（1）先生や友達と触れ合い，安定感をもって行動する。
（2）いろいろな遊びの中で十分に体を動かす。
（3）進んで戸外で遊ぶ。
（4）様々な活動に親しみ，楽しんで取り組む。
（5）先生や友達と食べることを楽しみ，食べ物への興味や関心をもつ。
（6）健康な生活のリズムを身に付ける。
（7）身の回りを清潔にし，衣服の着脱，食事，排泄などの生活に必要な活動を自分でする。
（8）幼稚園における生活の仕方を知り，自分たちで生活の場を整えながら見通しをもって行動する。
（9）自分の健康に関心をもち，病気の予防などに必要な活動を進んで行う。
（10）危険な場所，危険な遊び方，災害時などの行動の仕方が分かり，安全に気を付けて行動する。

3　内容の取扱い
　上記の取扱いに当たっては，次の事項に留意する必要がある。
（1）心と体の健康は，相互に密接な関連があるものであることを踏まえ，幼児が教師や他の幼児との温かい触れ合いの中で自己の存在感や充実感を味わうことなどを基盤として，しなやかな心と体の発達を促すこと。特に，十分に体を動かす気持ちよさを体験し，自ら体を動かそうとする意欲が育つようにすること。
（2）様々な遊びの中で，幼児が興味や関心，能力に応じて全身を使って活動することにより，体を動かす楽しさを味わい，自分の体を大切にしようとする気持ちが育つようにすること。その際，多様な動きを経験する中で，体の動きを調整するようにすること。
（3）自然の中で伸び伸びと体を動かして遊ぶことにより，体の諸機能の発達が促されることに留意し，幼児の興味や関心が戸外にも向くようにすること。その際，幼児の動線に配慮した園庭や遊具の配置などを工夫すること。
（4）健康な心と体を育てるためには食育を通じた望ましい食習慣の形成が大切であることを踏まえ，幼児の食生活の実情に配慮し，和やかな雰囲気の中で教師や他の幼児と食べる喜びや楽しさを味わったり，様々な食べ物への興味や関心をもったりするなどし，食の大切さに気付き，進んで食べようとする気持ちが育つようにすること。
（5）基本的な生活習慣の形成に当たっては，家庭での生活経験に配慮し，幼児の自立心を育て，幼児が他の幼児と関わりながら主体的な活動を展開する中で，生活に必要な習慣を身に付け，次第に見通しをもって行動できるようにすること。
（6）安全に関する指導に当たっては，

情緒の安定を図り，遊びを通して安全についての構えを身に付け，危険な場所や事物などが分かり，安全についての理解を深めるようにすること。また，交通安全の習慣を身に付けるようにするとともに，避難訓練などを通して，災害などの緊急時に適切な行動がとれるようにすること。

人間関係
〔他の人々と親しみ，支え合って生活するために，自立心を育て，人と関わる力を養う。〕

1 ねらい
（1）幼稚園生活を楽しみ，自分の力で行動することの充実感を味わう。
（2）身近な人と親しみ，関わりを深め，工夫したり，協力したりして一緒に活動する楽しさを味わい，愛情や信頼感をもつ。
（3）社会生活における望ましい習慣や態度を身に付ける。

2 内容
（1）先生や友達と共に過ごすことの喜びを味わう。
（2）自分で考え，自分で行動する。
（3）自分でできることは自分でする。
（4）いろいろな遊びを楽しみながら物事をやり遂げようとする気持ちをもつ。
（5）友達と積極的に関わりながら喜びや悲しみを共感し合う。
（6）自分の思ったことを相手に伝え，相手の思っていることに気付く。
（7）友達のよさに気付き，一緒に活動する楽しさを味わう。
（8）友達と楽しく活動する中で，共通の目的を見いだし，工夫したり，協力したりなどする。
（9）よいことや悪いことがあることに気付き，考えながら行動する。
（10）友達との関わりを深め，思いやりをもつ。
（11）友達と楽しく生活する中できまりの大切さに気付き，守ろうとする。
（12）共同の遊具や用具を大切にし，皆で使う。
（13）高齢者をはじめ地域の人々などの自分の生活に関係の深いいろいろな人に親しみをもつ。

3 内容の取扱い
上記の取扱いに当たっては，次の事項に留意する必要がある。
（1）教師との信頼関係に支えられて自分自身の生活を確立していくことが人と関わる基盤となることを考慮し，幼児が自ら周囲に働き掛けることにより多様な感情を体験し，試行錯誤しながら諦めずにやり遂げることの達成感や，前向きな見通しをもって自分の力で行うことの充実感を味わうことができるよう，幼児の行動を見守りながら適切な援助を行うようにすること。
（2）一人一人を生かした集団を形成しながら人と関わる力を育てていくようにすること。その際，集団の生活の中で，幼児が自己を発揮し，教師や他の幼児に認められる体験をし，自分のよさや特徴に気付き，自信をもって行動できるようにすること。

（3）幼児が互いに関わりを深め，協同して遊ぶようになるため，自ら行動する力を育てるようにするとともに，他の幼児と試行錯誤しながら活動を展開する楽しさや共通の目的が実現する喜びを味わうことができるようにすること。
（4）道徳性の芽生えを培うに当たっては，基本的な生活習慣の形成を図るとともに，幼児が他の幼児との関わりの中で他人の存在に気付き，相手を尊重する気持ちをもって行動できるようにし，また，自然や身近な動植物に親しむことなどを通して豊かな心情が育つようにすること。特に，人に対する信頼感や思いやりの気持ちは，葛藤やつまずきをも体験し，それらを乗り越えることにより次第に芽生えてくることに配慮すること。
（5）集団の生活を通して，幼児が人との関わりを深め，規範意識の芽生えが培われることを考慮し，幼児が教師との信頼関係に支えられて自己を発揮する中で，互いに思いを主張し，折り合いを付ける体験をし，きまりの必要性などに気付き，自分の気持ちを調整する力が育つようにすること。
（6）高齢者をはじめ地域の人々などの自分の生活に関係の深いいろいろな人と触れ合い，自分の感情や意志を表現しながら共に楽しみ，共感し合う体験を通して，これらの人々などに親しみをもち，人と関わることの楽しさや人の役に立つ喜びを味わうことができるようにすること。また，生活を通して親や祖父母などの家族の愛情に気付き，家族を大切にしようとする気持ちが育つようにすること。

環境
〔周囲の様々な環境に好奇心や探究心をもって関わり，それらを生活に取り入れていこうとする力を養う。〕

1　ねらい
（1）身近な環境に親しみ，自然と触れ合う中で様々な事象に興味や関心をもつ。
（2）身近な環境に自分から関わり，発見を楽しんだり，考えたりし，それを生活に取り入れようとする。
（3）身近な事象を見たり，考えたり，扱ったりする中で，物の性質や数量，文字などに対する感覚を豊かにする。

2　内容
（1）自然に触れて生活し，その大きさ，美しさ，不思議さなどに気付く。
（2）生活の中で，様々な物に触れ，その性質や仕組みに興味や関心をもつ。
（3）季節により自然や人間の生活に変化のあることに気付く。
（4）自然などの身近な事象に関心をもち，取り入れて遊ぶ。
（5）身近な動植物に親しみをもって接し，生命の尊さに気付き，いたわったり，大切にしたりする。
（6）日常生活の中で，我が国や地域社会における様々な文化や伝統に親しむ。
（7）身近な物を大切にする。
（8）身近な物や遊具に興味をもって関わり，自分なりに比べたり，関連付けたりしながら考えたり，試したりして工夫して遊ぶ。
（9）日常生活の中で数量や図形などに関心をもつ。

(10) 日常生活の中で簡単な標識や文字などに関心をもつ。
(11) 生活に関係の深い情報や施設などに興味や関心をもつ。
(12) 幼稚園内外の行事において国旗に親しむ。

3　内容の取扱い

上記の取扱いに当たっては，次の事項に留意する必要がある。
（1）幼児が，遊びの中で周囲の環境と関わり，次第に周囲の世界に好奇心を抱き，その意味や操作の仕方に関心をもち，物事の法則性に気付き，自分なりに考えることができるようになる過程を大切にすること。また，他の幼児の考えなどに触れて新しい考えを生み出す喜びや楽しさを味わい，自分の考えをよりよいものにしようとする気持ちが育つようにすること。
（2）幼児期において自然のもつ意味は大きく，自然の大きさ，美しさ，不思議さなどに直接触れる体験を通して，幼児の心が安らぎ，豊かな感情，好奇心，思考力，表現力の基礎が培われることを踏まえ，幼児が自然との関わりを深めることができるよう工夫すること。
（3）身近な事象や動植物に対する感動を伝え合い，共感し合うことなどを通して自分から関わろうとする意欲を育てるとともに，様々な関わり方を通してそれらに対する親しみや畏敬の念，生命を大切にする気持ち，公共心，探究心などが養われるようにすること。
（4）文化や伝統に親しむ際には，正月や節句など我が国の伝統的な行事，国歌，唱歌，わらべうたや我が国の伝統的な遊びに親しんだり，異なる文化に触れる活動に親しんだりすることを通じて，社会とのつながりの意識や国際理解の意識の芽生えなどが養われるようにすること。
（5）数量や文字などに関しては，日常生活の中で幼児自身の必要感に基づく体験を大切にし，数量や文字などに関する興味や関心，感覚が養われるようにすること。

言葉

〔経験したことや考えたことなどを自分なりの言葉で表現し，相手の話す言葉を聞こうとする意欲や態度を育て，言葉に対する感覚や言葉で表現する力を養う。〕

1　ねらい

（1）自分の気持ちを言葉で表現する楽しさを味わう。
（2）人の言葉や話などをよく聞き，自分の経験したことや考えたことを話し，伝え合う喜びを味わう。
（3）日常生活に必要な言葉が分かるようになるとともに，絵本や物語などに親しみ，言葉に対する感覚を豊かにし，先生や友達と心を通わせる。

2　内容

（1）先生や友達の言葉や話に興味や関心をもち，親しみをもって聞いたり，話したりする。
（2）したり，見たり，聞いたり，感じたり，考えたりなどしたことを自分なりに言葉で表現する。

（3）したいこと，してほしいことを言葉で表現したり，分からないことを尋ねたりする。
（4）人の話を注意して聞き，相手に分かるように話す。
（5）生活の中で必要な言葉が分かり，使う。
（6）親しみをもって日常の挨拶をする。
（7）生活の中で言葉の楽しさや美しさに気付く。
（8）いろいろな体験を通じてイメージや言葉を豊かにする。
（9）絵本や物語などに親しみ，興味をもって聞き，想像をする楽しさを味わう。
（10）日常生活の中で，文字などで伝える楽しさを味わう。

3　内容の取扱い
　上記の取扱いに当たっては，次の事項に留意する必要がある。
（1）言葉は，身近な人に親しみをもって接し，自分の感情や意志などを伝え，それに相手が応答し，その言葉を聞くことを通して次第に獲得されていくものであることを考慮して，幼児が教師や他の幼児と関わることにより心を動かされるような体験をし，言葉を交わす喜びを味わえるようにすること。
（2）幼児が自分の思いを言葉で伝えるとともに，教師や他の幼児などの話を興味をもって注意して聞くことを通して次第に話を理解するようになっていき，言葉による伝え合いができるようにすること。
（3）絵本や物語などで，その内容と自分の経験とを結び付けたり，想像を巡らせたりするなど，楽しみを十分に味わうことによって，次第に豊かなイメージをもち，言葉に対する感覚が養われるようにすること。
（4）幼児が生活の中で，言葉の響きやリズム，新しい言葉や表現などに触れ，これらを使う楽しさを味わえるようにすること。その際，絵本や物語に親しんだり，言葉遊びなどをしたりすることを通して，言葉が豊かになるようにすること。
（5）幼児が日常生活の中で，文字などを使いながら思ったことや考えたことを伝える喜びや楽しさを味わい，文字に対する興味や関心をもつようにすること。

表現
〔感じたことや考えたことを自分なりに表現することを通して，豊かな感性や表現する力を養い，創造性を豊かにする。〕

1　ねらい
（1）いろいろなものの美しさなどに対する豊かな感性をもつ。
（2）感じたことや考えたことを自分なりに表現して楽しむ。
（3）生活の中でイメージを豊かにし，様々な表現を楽しむ。

2　内容
（1）生活の中で様々な音，形，色，手触り，動きなどに気付いたり，感じたりするなどして楽しむ。
（2）生活の中で美しいものや心を動かす出来事に触れ，イメージを豊かにする。
（3）様々な出来事の中で，感動したことを伝え合う楽しさを味わう。

（4）感じたこと，考えたことなどを音や動きなどで表現したり，自由にかいたり，つくったりなどする。
（5）いろいろな素材に親しみ，工夫して遊ぶ。
（6）音楽に親しみ，歌を歌ったり，簡単なリズム楽器を使ったりなどする楽しさを味わう。
（7）かいたり，つくったりすることを楽しみ，遊びに使ったり，飾ったりなどする。
（8）自分のイメージを動きや言葉などで表現したり，演じて遊んだりするなどの楽しさを味わう。

3　内容の取扱い

上記の取扱いに当たっては，次の事項に留意する必要がある。
（1）豊かな感性は，身近な環境と十分に関わる中で美しいもの，優れたもの，心を動かす出来事などに出会い，そこから得た感動を他の幼児や教師と共有し，様々に表現することなどを通して養われるようにすること。その際，風の音や雨の音，身近にある草や花の形や色など自然の中にある音，形，色などに気付くようにすること。
（2）幼児の自己表現は素朴な形で行われることが多いので，教師はそのような表現を受容し，幼児自身の表現しようとする意欲を受け止めて，幼児が生活の中で幼児らしい様々な表現を楽しむことができるようにすること。
（3）生活経験や発達に応じ，自ら様々な表現を楽しみ，表現する意欲を十分に発揮させることができるように，遊具や用具などを整えたり，様々な素材や表現の仕方に親しんだり，他の幼児の表現に触れられるよう配慮したりし，表現する過程を大切にして自己表現を楽しめるように工夫すること。

第3章　教育課程に係る教育時間の終了後等に行う教育活動などの留意事項

1　地域の実態や保護者の要請により，教育課程に係る教育時間の終了後等に希望する者を対象に行う教育活動については，幼児の心身の負担に配慮するものとする。また，次の点にも留意するものとする。
（1）教育課程に基づく活動を考慮し，幼児期にふさわしい無理のないものとなるようにすること。その際，教育課程に基づく活動を担当する教師と緊密な連携を図るようにすること。
（2）家庭や地域での幼児の生活も考慮し，教育課程に係る教育時間の終了後等に行う教育活動の計画を作成するようにすること。その際，地域の人々と連携するなど，地域の様々な資源を活用しつつ，多様な体験ができるようにすること。
（3）家庭との緊密な連携を図るようにすること。その際，情報交換の機会を設けたりするなど，保護者が，幼稚園と共に幼児を育てるという意識が高まるようにすること。
（4）地域の実態や保護者の事情とともに幼児の生活のリズムを踏まえつつ，例えば実施日数や時間などにつ

いて，弾力的な運用に配慮すること。
（5）適切な責任体制と指導体制を整備した上で行うようにすること。
2　幼稚園の運営に当たっては，子育ての支援のために保護者や地域の人々に機能や施設を開放して，園内体制の整備や関係機関との連携及び協力に配慮しつつ，幼児期の教育に関する相談に応じたり，情報を提供したり，幼児と保護者との登園を受け入れたり，保護者同士の交流の機会を提供したりするなど，幼稚園と家庭が一体となって幼児と関わる取組を進め，地域における幼児期の教育のセンターとしての役割を果たすよう努めるものとする。その際，心理や保健の専門家，地域の子育て経験者等と連携・協働しながら取り組むよう配慮するものとする。

4 保育所保育指針(抄)

厚生労働省告示第117号　平成29(2017)年3月31日／平成30(2018)年4月1日施行予定

第2章　保育の内容

　この章に示す「ねらい」は、第1章の1の（2）に示された保育の目標をより具体化したものであり、子どもが保育所において、安定した生活を送り、充実した活動ができるように、保育を通じて育みたい資質・能力を、子どもの生活する姿から捉えたものである。また、「内容」は、「ねらい」を達成するために、子どもの生活やその状況に応じて保育士等が適切に行う事項と、保育士等が援助して子どもが環境に関わって経験する事項を示したものである。

　保育における「養護」とは、子どもの生命の保持及び情緒の安定を図るために保育士等が行う援助や関わりであり、「教育」とは、子どもが健やかに成長し、その活動がより豊かに展開されるための発達の援助である。本章では、保育士等が、「ねらい」及び「内容」を具体的に把握するため、主に教育に関わる側面からの視点を示しているが、実際の保育においては、養護と教育が一体となって展開されることに留意する必要がある。

1　乳児保育に関わるねらい及び内容
（1）基本的事項

　ア　乳児期の発達については、視覚、聴覚などの感覚や、座る、はう、歩くなどの運動機能が著しく発達し、特定の大人との応答的な関わりを通じて、情緒的な絆が形成されるといった特徴がある。これらの発達の特徴を踏まえて、乳児保育は、愛情豊かに、応答的に行われることが特に必要である。

　イ　本項においては、この時期の発達の特徴を踏まえ、乳児保育の「ねらい」及び「内容」については、身体的発達に関する視点「健やかに伸び伸びと育つ」、社会的発達に関する視点「身近な人と気持ちが通じ合う」及び精神的発達に関する視点「身近なものと関わり感性が育つ」としてまとめ、示している。

　ウ　本項の各視点において示す保育の内容は、第1章の2に示された養護における「生命の保持」及び「情緒の安定」に関わる保育の内容と、一体となって展開されるものであることに留意が必要である。

（2）ねらい及び内容

（「ア　健やかに伸び伸びと育つ」略）

　イ　身近な人と気持ちが通じ合う

　　受容的・応答的な関わりの下で、何かを伝えようとする意欲や身近な大人との信頼関係を育て、人と関わる力の基盤を培う。

　（ア）ねらい

　　①　安心できる関係の下で、身近な人と共に過ごす喜びを感じる。

　　②　体の動きや表情、発声等により、保育士等と気持ちを通わせようとす

　　　　る。
　　③　身近な人と親しみ、関わりを深め、愛情や信頼感が芽生える。

　（イ）内容
　　①　子どもからの働きかけを踏まえた、応答的な触れ合いや言葉がけによって、欲求が満たされ、安定感をもって過ごす。
　　②　体の動きや表情、発声、喃語等を優しく受け止めてもらい、保育士等とのやり取りを楽しむ。
　　③　生活や遊びの中で、自分の身近な人の存在に気付き、親しみの気持ちを表す。
　　④　保育士等による語りかけや歌いかけ、発声や喃語等への応答を通じて、言葉の理解や発語の意欲が育つ。
　　⑤　温かく、受容的な関わりを通じて、自分を肯定する気持ちが芽生える。

　（ウ）内容の取扱い
　　　上記の取扱いに当たっては、次の事項に留意する必要がある。
　　①　保育士等との信頼関係に支えられて生活を確立していくことが人と関わる基盤となることを考慮して、子どもの多様な感情を受け止め、温かく受容的・応答的に関わり、一人一人に応じた適切な援助を行うようにすること。
　　②　身近な人に親しみをもって接し、自分の感情などを表し、それに相手が応答する言葉を聞くことを通して、次第に言葉が獲得されていくことを考慮して、楽しい雰囲気の中での保育士等との関わり合いを大切にし、ゆっくりと優しく話しかけるなど、積極的に言葉のやり取りを楽しむことができるようにすること。

　ウ　身近なものと関わり感性が育つ
　　　身近な環境に興味や好奇心をもって関わり、感じたことや考えたことを表現する力の基盤を培う。

　（ア）ねらい
　　①　身の回りのものに親しみ、様々なものに興味や関心をもつ。
　　②　見る、触れる、探索するなど、身近な環境に自分から関わろうとする。
　　③　身体の諸感覚による認識が豊かになり、表情や手足、体の動き等で表現する。

　（イ）内容
　　①　身近な生活用具、玩具や絵本などが用意された中で、身の回りのものに対する興味や好奇心をもつ。
　　②　生活や遊びの中で様々なものに触れ、音、形、色、手触りなどに気付き、感覚の働きを豊かにする。
　　③　保育士等と一緒に様々な色彩や形のものや絵本などを見る。
　　④　玩具や身の回りのものを、つまむ、つかむ、たたく、引っ張るなど、手や指を使って遊ぶ。
　　⑤　保育士等のあやし遊びに機嫌よく応じたり、歌やリズムに合わせて手足や体を動かして楽しんだりする。

(ウ) 内容の取扱い

上記の取扱いに当たっては、次の事項に留意する必要がある。

① 玩具などは、音質、形、色、大きさなど子どもの発達状態に応じて適切なものを選び、その時々の子どもの興味や関心を踏まえるなど、遊びを通して感覚の発達が促されるものとなるように工夫すること。なお、安全な環境の下で、子どもが探索意欲を満たして自由に遊べるよう、身の回りのものについては、常に十分な点検を行うこと。

② 乳児期においては、表情、発声、体の動きなどで、感情を表現することが多いことから、これらの表現しようとする意欲を積極的に受け止めて、子どもが様々な活動を楽しむことを通して表現が豊かになるようにすること。

(「(3) 保育の実施に関わる配慮事項」略)

2 1歳以上3歳未満児の保育に関わるねらい及び内容

(1) 基本的事項

ア この時期においては、歩き始めから、歩く、走る、跳ぶなどへと、基本的な運動機能が次第に発達し、排泄の自立のための身体的機能も整うようになる。つまむ、めくるなどの指先の機能も発達し、食事、衣類の着脱なども、保育士等の援助の下で自分で行うようになる。発声も明瞭になり、語彙も増加し、自分の意思や欲求を言葉で表出できるようになる。このように自分でできることが増えてくる時期であることから、保育士等は、子どもの生活の安定を図りながら、自分でしようとする気持ちを尊重し、温かく見守るとともに、愛情豊かに、応答的に関わることが必要である。

イ 本項においては、この時期の発達の特徴を踏まえ、保育の「ねらい」及び「内容」について、心身の健康に関する領域「健康」、人との関わりに関する領域「人間関係」、身近な環境との関わりに関する領域「環境」、言葉の獲得に関する領域「言葉」及び感性と表現に関する領域「表現」としてまとめ、示している。

ウ 本項の各領域において示す保育の内容は、第1章の2に示された養護における「生命の保持」及び「情緒の安定」に関わる保育の内容と、一体となって展開されるものであることに留意が必要である。

(2) ねらい及び内容

(「ア 健康」「イ 人間関係」「ウ 環境」略)

エ 言葉

経験したことや考えたことなどを自分なりの言葉で表現し、相手の話す言葉を聞こうとする意欲や態度を育て、言葉に対する感覚や言葉で表現する力を養う。

(ア) ねらい
① 言葉遊びや言葉で表現する楽しさを感じる。
② 人の言葉や話などを聞き、自分でも思ったことを伝えようとする。
③ 絵本や物語等に親しむとともに、言葉のやり取りを通じて身近な人と気持ちを通わせる。

(イ) 内容
① 保育士等の応答的な関わりや話しかけにより、自ら言葉を使おうとする。
② 生活に必要な簡単な言葉に気付き、聞き分ける。
③ 親しみをもって日常の挨拶に応じる。
④ 絵本や紙芝居を楽しみ、簡単な言葉を繰り返したり、模倣をしたりして遊ぶ。
⑤ 保育士等とごっこ遊びをする中で、言葉のやり取りを楽しむ。
⑥ 保育士等を仲立ちとして、生活や遊びの中で友達との言葉のやり取りを楽しむ。
⑦ 保育士等や友達の言葉や話に興味や関心をもって、聞いたり、話したりする。

(ウ) 内容の取扱い
上記の取扱いに当たっては、次の事項に留意する必要がある。
① 身近な人に親しみをもって接し、自分の感情などを伝え、それに相手が応答し、その言葉を聞くことを通して、次第に言葉が獲得されていくものであることを考慮して、楽しい雰囲気の中で保育士等との言葉のやり取りができるようにすること。
② 子どもが自分の思いを言葉で伝えるとともに、他の子どもの話などを聞くことを通して、次第に話を理解し、言葉による伝え合いができるようになるよう、気持ちや経験等の言語化を行うことを援助するなど、子ども同士の関わりの仲立ちを行うようにすること。
③ この時期は、片言から、二語文、ごっこ遊びでのやり取りができる程度へと、大きく言葉の習得が進む時期であることから、それぞれの子どもの発達の状況に応じて、遊びや関わりの工夫など、保育の内容を適切に展開することが必要であること。

(「オ 表現」「(3) 保育の実施に関わる配慮事項」略)

3 3歳以上児の保育に関するねらい及び内容
(1) 基本的事項
ア この時期においては、運動機能の発達により、基本的な動作が一通りできるようになるとともに、基本的な生活習慣もほぼ自立できるようになる。理解する語彙数が急激に増加し、知的興味や関心も高まってくる。仲間と遊び、仲間の中の一人という自覚が生じ、集団的な遊びや協同的な活動も見られるようになる。これらの発達の特徴を踏まえて、この時期の保育においては、個の成長と集団としての活動の充実が

図られるようにしなければならない。
イ　本項においては、この時期の発達の特徴を踏まえ、保育の「ねらい」及び「内容」について、心身の健康に関する領域「健康」、人との関わりに関する領域「人間関係」、身近な環境との関わりに関する領域「環境」、言葉の獲得に関する領域「言葉」及び感性と表現に関する領域「表現」としてまとめ、示している。
ウ　本項の各領域において示す保育の内容は、第1章の2に示された養護における「生命の保持」及び「情緒の安定」に関わる保育の内容と、一体となって展開されるものであることに留意が必要である。

(2) ねらい及び内容

(「ア　健康」「イ　人間関係」「ウ　環境」略)

　　エ　言葉
　　　経験したことや考えたことなどを自分なりの言葉で表現し、相手の話す言葉を聞こうとする意欲や態度を育て、言葉に対する感覚や言葉で表現する力を養う。

(ア) ねらい
① 自分の気持ちを言葉で表現する楽しさを味わう。
② 人の言葉や話などをよく聞き、自分の経験したことや考えたことを話し、伝え合う喜びを味わう。
③ 日常生活に必要な言葉が分かるようになるとともに、絵本や物語などに親しみ、言葉に対する感覚を豊かにし、保育士等や友達と心を通わせる。

(イ) 内容
① 保育士等や友達の言葉や話に興味や関心をもち、親しみをもって聞いたり、話したりする。
② したり、見たり、聞いたり、感じたり、考えたりなどしたことを自分なりに言葉で表現する。
③ したいこと、してほしいことを言葉で表現したり、分からないことを尋ねたりする。
④ 人の話を注意して聞き、相手に分かるように話す。
⑤ 生活の中で必要な言葉が分かり、使う。
⑥ 親しみをもって日常の挨拶をする。
⑦ 生活の中で言葉の楽しさや美しさに気付く。
⑧ いろいろな体験を通じてイメージや言葉を豊かにする。
⑨ 絵本や物語などに親しみ、興味をもって聞き、想像をする楽しさを味わう。
⑩ 日常生活の中で、文字などで伝える楽しさを味わう。

(ウ) 内容の取扱い
　　上記の取扱いに当たっては、次の事項に留意する必要がある。
① 言葉は、身近な人に親しみをもって接し、自分の感情や意志など

を伝え、それに相手が応答し、その言葉を聞くことを通して次第に獲得されていくものであることを考慮して、子どもが保育士等や他の子どもと関わることにより心を動かされるような体験をし、言葉を交わす喜びを味わえるようにすること。

② 子どもが自分の思いを言葉で伝えるとともに、保育士等や他の子どもなどの話を興味をもって注意して聞くことを通して次第に話を理解するようになっていき、言葉による伝え合いができるようにすること。

③ 絵本や物語などで、その内容と自分の経験とを結び付けたり、想像を巡らせたりするなど、楽しみを十分に味わうことによって、次第に豊かなイメージをもち、言葉に対する感覚が養われるようにすること。

④ 子どもが生活の中で、言葉の響きやリズム、新しい言葉や表現などに触れ、これらを使う楽しさを味わえるようにすること。その際、絵本や物語に親しんだり、言葉遊びなどをしたりすることを通して、言葉が豊かになるようにすること。

⑤ 子どもが日常生活の中で、文字などを使いながら思ったことや考えたことを伝える喜びや楽しさを味わい、文字に対する興味や関心をもつようにすること。

5 教育漢字・学年別漢字配当表（抄）

第1学年（80字）

一学五耳人先町百
右気口七水早天文
雨九校車正草田木
円休左手生足土本
王玉三三十青村二名
音金山出夕大日目
下空子女石男入立
火月四小赤竹年力
花犬糸上千中白林
貝見字森川虫八六

第2学年（160字）

引画丸強古行作時場星太朝東売歩門
羽回岩教午高算室色晴体直答買母夜
雲会顔近後黄止社食切台通頭麦方野
園海汽兄語合市弱心雪地同半北
遠絵記形工谷矢首新船池店弟通北友
何外帰計公姉秋親線知点読父毎用
科角弓元広黒思週図前電内風万来
夏楽牛言交今紙春数組昼刀南分明里
家活魚原光才寺書西走長冬肉聞鳴理
歌間京戸考細自少声多鳥当馬米毛

【引用・参考文献】

村石　昭三	領域言語の指導　ひかりのくに　1977	
村石　昭三	ことばと文字の幼児教育　ひかりのくに　1982	
村石昭三他	幼児の読み書き能力　東京書籍　1972	
高橋　　厳	幼児の言語と教育　教育出版センター　1972	
高橋　　厳	幼稚園・保育所の言語指導　教育出版センター　1978	
岡本　夏木	子どもとことば　岩波新書　1982	
岡本　夏木	ことばと発達　岩波新書　1985	
大岡　信他	にほんご　福音館書店　1979	
村田　孝治	幼児のことばと発音　培風館　1970	
村田　孝治	幼稚園期の言語発達　培風館　1972	
村田　孝治	幼児の言語教育　朝倉書店　1973	
松山　侑子	保育のための「言語」学術図書出版社　1986	
村山　貞雄	日本の幼児の成長・発達に関する総合調査　サンマーク出版　1986	
平井　昌夫	幼児のことば　日本文化科学社　1966	
前田富祺他	幼児語彙の統合的発達の研究　武蔵野書院　1996	
高杉自子他	保育内容「言葉」　ミネルヴァ書房　2001	
今井　和子	ことばの中のこどもたち　童心社　1986	
芳賀　　純	幼児の言語発達と指導　家庭教育社　1982	
大久保　愛	幼児のことばとおとな　三省堂選書　1977	
大久保　愛	幼児のことば　国土社　1979	
大久保　愛	乳幼児のことばの世界　大月書店　1993	
大久保　愛	保育言葉の実際　健帛社　1998	
文　部　省	幼稚園における心身に障害のある幼児の指導のために　東山書房　1987	
斉藤美津子	話しことばの科学　サイマル出版　1972	
岡田　　明	最新読書の心理学　日本文化科学社　1973	
三神　廣子	本が好きな子に育つために　萌文書林　2003	

本吉　圓子　子どもの育ちと保育者のかかわり　萌文書林　1991

麻生　　武　身ぶりからことばへ　新曜社 1992

ヴィゴツキー（柴田義松訳）新訳版　思考と言語　新読書社　2001

二階堂邦子　こどものことば　三晃書房　2000

中谷　真弓　イメージを豊かにするエプロンシアター　フレーベル館　1989

阿部　恵　　ペープサート　ひかりのくに　2004

藤原　邦恭　折り紙シアター　いかだ社　2002

千葉　恭造・田上貞一郎　「領域・言葉の理論と実践」　双文社出版　1985

千葉　恭造　「領域・言葉の理論と実践」　双文社出版　1987

■著者紹介
田上貞一郎（たがみ・ていいちろう）
　　　　　福島学院大学短期大学部元教授

高荒　正子（たかあら・まさこ）
　　　　　あすなろ保育園園長（福島市）

〈装　幀〉　冨田由比
〈イラスト〉皆川泰子

新訂　保育内容指導法「言葉」

2006年12月20日　初　版第1刷発行
2016年1月15日　新訂版第1刷発行
2018年2月20日　新訂第2版第1刷発行
2022年4月1日　新訂第2版第3刷発行

著　　者　　田上貞一郎
　　　　　　高荒　正子

発行者　　服部直人

発行所　　㈱萌文書林
　　　　　〒113-0021　東京都文京区本駒込6-15-11
　　　　　TEL 03-3943-0576　FAX 03-3943-0567
　　　　　https://www.houbun.com
　　　　　info@houbun.com

印刷・製本　モリモト印刷株式会社

〈検印省略〉

© 2016 Teiichiro Tagami, Masako Takaara, Printed in Japan　ISBN 978-4-89347-233-5 C3037

●本書は、2006年12月20日、双文社出版より発刊されましたが、著者の了解を得て、弊社より新訂版として発刊するものです。
●落丁・乱丁本は弊社までお送りください。送料弊社負担でお取り替えいたします。
●本書の内容を一部または全部を無断で複写・複製、転記・転載することは、法律で認められた場合を除き、著作者および出版社の権利の侵害となります。本書からの複写・複製、転記・転載をご希望の場合、あらかじめ弊社あてに許諾をお求めください。